WILDNIS NORDAMERIKA

WILDNIS

NORDAMERIKA

Thomas A. Lewis

KÖNEMANN

Eine Elchkuh (S. 1), Einzelgängerin aus Überzeugung, sucht den Wonder Lake in Alaska nach ihren Lieblingsspeisen ab: Seerosen und Laichkraut. Für eine ordentliche Portion davon taucht sie, die sonst weiten Nüstern fest geschlossen, bis zu fünf Meter tief.

Ein Puma durchstreift sein Revier (S. 2–3) im Canyonlands-Nationalpark in Utah. Großkatzen markieren weite Gebiete, in denen sie das alleinige Nutzungsrecht haben. Nicht einmal Artgenossen werden dort geduldet, es sei denn während der Paarungszeit oder der Aufzucht der Jungen.

Einige Schwertwale durchschneiden das eisige Wasser bei Juneau in Alaska (S. 6). Der auch Raubwal, Killerwal oder Großer Mörder genannte Wal jagt in bestens organisierten Rudeln und tötet und frißt warmblütige Säugetiere, einschließlich andere Wale.

Originaltitel: Wildlife of North America

Bonner Str. 126, D-50968 Köln
Übersetzung aus dem Amerikanischen: Ursula Schmidt-Steinbach
Redaktion und Satz der deutschen Ausgabe: Daniela Kumor, Köln
Fachlektorat: Kurt Beginnen, Köln (für Daniela Kumor)
Herstellungsleiter: Detlev Schaper
Herstellungsassistenz: Ursula Schümer
Druck und Bindung: Sing Cheong Printing Co., Ltd
Printed in Hong Kong, China
ISBN 3-8290-2213-1
10 9 8 7 6 5 4 3 2 1

Bildnachweis

Abkürzungen: (L) links, (R) rechts, (O) oben, (U) unten

Erwin und Peggy Bauer: 25(L), 36–37, 37, 44, 46, 48–49, 49, 50, 56, 60, 64, 65, 67, 70–71, 71, 76, 76–77, 78, 82, 91, 92, 98, 122

Jim Brandenburg / Minden Pictures: 62, 79, 121

Denver Bryan: 23(R), 24, 34–35, 39, 51, 69, 74–75, 75, 100

Alan und Sandy Carey: 11, 20, 38, 40, 54–55, 66, 113

Steve Chindgren: 118

Brandon D. Cole/ ENP Images: 94, 95, 96–97

Daniel J. Cox/ Natural Exposures: 1, 2–3, 6, 8, 12, 16, 20–21, 21, 26(L), 33, 34, 45, 53, 56–57, 57, 80, 85, 96, 99, 116, 119, 124

Tim Davis: 15, 74

Gerry Ellis/ ENP Images: 88–89

Steve Gettle: 26(R)

Michio Hoshino/ Minden Pictures: 124–125

Rich Kirchner: 10

Frans Lanting/ Minden Pictures: 93

Tom und Pat Leeson: 17, 18, 19, 27, 28, 29, 52–53, 59(L), 60(R), 61, 68, 78–79, 83, 84, 90–91, 104, 105, 110–111

Jeff Lepore: 14, 22, 31(R), 32(L), 32(R), 47, 72–73, 87, 88, 107(R), 108(L), 108(R), 111, 123, 126, 127, 130(U)

Wayne Lynch: 54, 58, 59(R), 112, 120(O)

Renee Lynn: 25(R), 70

Lynda Richardson: 30–31, 72, 86, 106, 107(L)

Carl R. Sams II: 50–51, 73, 102, 103, 109, 114, 115(L), 115(R)

Merlin D. Tuttle/ Bat Conservation International: 128–129, 129, 130(O), 131

Jeff Vanuga: 23(L), 31(L), 42, 43, 48, 77, 112–113, 120(U), 126–127

DIE FOTOGRAFEN

ERWIN UND PEGGY BAUER – SEQUIM, WASHINGTON
Seit über 40 Jahren nehmen die Berufsfotografen Erwin und Peggy Bauer Tiere und die Wunder der Natur rund um den Globus auf und schreiben darüber. Für ihre faszinierenden Aufnahmen aus der Tierwelt erhielten sie bei nationalen wie internationalen Wettbewerben zahlreiche Auszeichnungen. Beiträge von ihnen erschienen u.a. in Zeitschriften wie *Audubon, National Geographic, National Wildlife, Natural History, Animal Kingdom* und *Outdoor Life.* Außerdem veröffentlichten sie über 20 Bücher, darunter *Deer in Their World, Bears in Their World, Horned and Antlered Game* und *Predators of North America.*

JIM BRANDENBURG – ELY, MINNESOTA
Jim Brandenburgs Karriere als naturgeschichtlicher Fotograf und Filmemacher begann während seiner Hochschulausbildung zum Studiofilmer an der Universität von Minnesota. Die National Press Photographer's Association (NPPA) ernannte ihn zum »Magazine Photographer of the Year«. 1998 gewann er außerdem den vom Natural History Museum London und dem *BBC Wildlife Magazine* vergebenen Preis des »Kodak Wildlife Photographer of the Year«. Er entwarf zehn Briefmarken mit eigenen Tieraufnahmen und veröffentlichte zahlreiche preisgekrönte Bücher, darunter *Brother Wolf.*

DENVER BRYAN – BOZEMAN, MONTANA
In den vergangenen 15 Jahren pendelte Denver Bryan auf Trekkingtouren zwischen Alaska und Afrika, um Tiere in ihrer natürlichen Umgebung zu fotografieren. Seine Fotos erschienen auf der Titelseite von über 100 Zeitschriften und in Publikationen wie dem *Smithsonian Magazine, National Geographic, Newsweek, Field and Stream, Natural History* und vielen anderen. Denver Bryan ist ausgebildeter Tierbiologe.

ALAN UND SANDY CAREY – BOZEMAN, MONTANA
Aufnahmen von Alan und Sandy Carey erschienen weltweit in zahlreichen Publikationen; über zehn Bücher wurden ausschließlich mit ihren Fotos bebildert. Ihr jüngstes Buch über Golden Retriever erschien im Herbst 1998. Auf ihren Reisen begleitet sie ihre Tochter Christina, das jüngste von insgesamt sieben Kindern. Die Fotografie ist für Alan und Sandy Carey sowohl Beruf als auch Passion.

BRANDON D. COLE – SPOKANE, WASHINGTON
Als freiberuflicher Tierfotograf und Autor hat sich Brandon Cole auf das maritime Umfeld spezialisiert. Er erlangte sein Diplom als Meeresbiologe an der University of California in Santa Barbara und arbeitet in der Unterwasserforschung. Seine Aufnahmen erschienen in zahlreichen Zeitschriften und anderen Medien. 1995 erhielt er beim internationalen Wettbewerb um den Titel des »Wildlife Photographer of the Year« den Eric Hosking Award. Brandon Coles Hauptinteresse gilt dem schwierigen Unterfangen, Wale zu fotografieren. Im vergangenen Jahr unternahm er eine Reise zu den Azoren, wo er Aufnahmen von Pottwalen machte.

DANIEL J. COX – BOZEMAN, MONTANA
Die Arbeiten des Tier- und Naturfotografen Daniel Cox erschienen in internationalen Publikationen. Außerdem veröffentlichte er bislang sieben Bücher. Seit über 20 Jahren hat er sich der Fotografie verschrieben, und die Liebe zu seinem Beruf hat ihm in Kollegenkreisen hohe Anerkennung eingebracht. Er veröffentlicht regelmäßig in *The National Geographic, Audubon, Sierra Club* und *National Wildlife.* Seine Arbeiten wurden im renommierten Nikon House in New York City ausgestellt, und 1990 wie auch 1997 wurde er beim Wettbewerb um den »BBC Wildlife Photographer of the Year« in London Zweiter in der Sparte Tierporträts.

TIM DAVIS-RENEE LYNN – SANTA FE, NEW MEXICO
Seit ihrer Heirat im Jahr 1985 arbeitet das Fotografenehepaar Tim Davis und Renée Lynn als Team mit Standort Santa Fe. Natürlich gibt es etliche Fotografenehepaare, doch Tim Davis und Renée Lynn arbeiten gleichberechtigt nebeneinander und erhalten als Einzelpersonen wie auch als Mitglied des Teams weltweite Anerkennung. Ihr Ziel ist das grafisch interessante Foto, das über die einfache Wiedergabe biologischer Fakten hinausgeht.

GERRY ELLIS – PORTLAND, OREGON
Fast zwei Jahrzehnte lang durchstreifte der Berufsfotograf und Naturforscher Gerry Ellis wie ein Nomade die Welt. Von seinem heimatlichen Stützpunkt in Portland aus reiste er in die entlegensten Winkel und machte Aufnahmen zu den unterschiedlichsten Themen: Gorillas, Pinguine, Regenwälder und alte Kulturen. Mit seinen Fotos von den schönsten und ursprünglichsten Stellen der Erde hat er zahlreiche Preise gewonnen, darunter etliche bei dem prestigeträchtigen Wettbewerb um den Titel des »BBC Wildlife Photographer of the Year«. Zur Zeit arbeitet er u.a. an einem Buch über Papua-Neuguinea und betreibt eine Fotoagentur mit Schwerpunkt Umwelt, die ENP Images.

STEVE GETTLE – SOUTH LYON, MICHIGAN
Seit über zwölf Jahren fotografiert Steve Gettle die nordamerikanische Tierwelt. Seine Aufnahmen wurden im American Museum of Natural History ausgestellt und erschienen in vielen Publikationen, darunter *Audubon, Sierra Club, Birder's World* und *Natural History.* Außerdem gewann er mit seinen Bildern zahlreiche Preise. Seit kurzem arbeitet er für ENP Images, einer naturgeschichtlich ausgerichteten Fotoagentur.

MICHIO HOSHINO
Für den 17jährigen Michio Hoshino war ein Foto in der Zeitschrift *National Geographic* von einem Eskimodorf an der Nordwestküste Alaskas der Auslöser dafür, diese riesige Wildnis zu erforschen. Seine Karriere als Berufsfotograf begann 1986, als Chronicle Books seine Arbeiten über den Grizzlybären in einem Buch mit dem Titel *Grizzly* veröffentlichte. Mit diesem Buch gewann er den dritten »Anima Award« für die besten Tierfotos. Am 6. August 1996 wurde Michio Hoshino im Alter von 44 Jahren bei Aufnahmen auf der Halbinsel Kamtschatka im Osten Rußlands von einem Braunbären getötet.

RICH KIRCHNER – BOZEMAN, MONTANA
Seine Arbeit als Fotograf führte Rich Kirchner im Laufe der Jahre um die halbe Welt. So arbeitete er in der Antarktis, auf den Falklandinseln, in Afrika, am Amazonas, in Neuseeland, Australien, Grönland, Alaska, Florida und Kanada, an der kalifornischen Küste, in den Wüstengebieten im Südwesten der USA und in den Rocky Mountains. Er spezialisierte sich auf Aufnahmen von der Tierwelt und Landschaft dieser Gegenden. Sie erschienen in Zeitschriften wie *Natural History, International and National Wildlife, Ranger Rick, Alaska, Outdoor Life, Ducks Unlimited, GEO Deutschland* und *Frankreich, Das Tier, Animals* und *Wildlife Conservation.*

FRANS LANTING, MINDEN PICTURES – SANTA CRUZ, KALIFORNIEN
Frans Lanting, als Fotograf und Naturforscher Autodidakt, wurde in den vergangenen zehn Jahren zu einem berufsbedingten Nomaden, der rund um den Globus das Tierleben und die Beziehung des Menschen zur Natur dokumentiert. Seit 1986 arbeitet er hauptsächlich für die Zeitschrift *National Geographic*; dabei übernimmt er so anspruchsvolle Aufträge wie etwa eine Safari zu Fuß, um das letzte weiße Rhinozeros in Zaire aufzuspüren. Seine Reportagen über Madagaskar im *National Geographic* und anderen Zeitschriften haben viel dazu beigetragen, weltweit das Bewußtsein für die ökologischen Probleme dieses zuvor weitgehend unbeachteten Landes zu wecken.

TOM UND PAT LEESON – VANCOUVER, WASHINGTON
Das Ehepaar Tom und Pat Leeson hat sich als Fotografenteam im Bereich Tierwelt international einen Namen gemacht und wurde aufgrund seiner umfangreichen, ganzjährigen Dokumentation einzelner Wildarten bekannt. Es verfaßte Fotoreportagen über Grizzlys, Schwarzbären, Wölfe, Biber, Dachse, Schneeziegen und andere wildlebende Tierarten Nordamerikas. Die Leesons beschäftigten sich aber auch mit den Tieren außerhalb Amerikas. So fotografierten sie Pandas in China, Pinguine in der Antarktis, Elefanten in Afrika und Delphine in Honduras. 1991 wählte Präsident Bush ein Exemplar der limitierten Auflage des Leeson-Titels *The American Eagle* als Staatsgeschenk für Königin Elisabeth II. Tom und Pat Leeson wollen mit ihren Bildern die Betrachter dazu aufrufen, die Tiere und die Natur zu schützen und zu wahren.

JEFF LEPORE – LANCASTER, PENNSYLVANIA
Seit über 15 Jahren fotografiert der Autodidakt Jeff Lepore die Tierwelt und die Natur. Beständig ist er auf der Suche nach neuen Möglichkeiten, einzigartige Motive einzufangen. Einen Großteil seiner Zeit verwendet er inzwischen auf die Landschaftsfotografie, immer auf der Suche nach ausgefallenen Motiven in den Präriestaaten und im Süden der USA. Die Arbeiten von Jeff Lepore wurden in allen großen Naturzeitschriften veröffentlicht.

WAYNE LYNCH – CALGARY, ALBERTA, KANADA
1979 beendete Wayne Lynch im Alter von 32 Jahren freiwillig seine Karriere als Arzt in der Notfallmedizin, um hauptberuflich wissenschaftlicher Autor und Fotograf zu werden. Über ein Jahrzehnt widmete er dem Studium der Bären. Er kroch in die Winterlager von Schwarz- und Eisbären, hielt Grizzlyjunge im Arm, segelte an den Regenwäldern der Küste Britisch-Kolumbiens entlang, zog in Südamerika durch die Feuchtwälder der Anden und ritt auf Elefanten durch die Urwälder von Nepal und Indien.

LYNDA RICHARDSON – RICHMOND, VIRGINIA
1996 ernannte die Zeitschrift *Nature's Best* Lynda Richardson zu einer der vier besten Naturfotografinnen der Welt. Auf ausgedehnten Reisen erarbeitete sie im Auftrag bekannter Naturzeitschriften, Organisationen und Privatpersonen, die sich dem Schutz der Umwelt verschrieben haben, Naturreportagen.

CARL R. SAMS II – MILFORD, MICHIGAN
Über 14 Jahre lang beobachteten Carl Sams und Jean Stoick in der Nähe ihres Hauses dieselbe Hirschfamilie. Mit derselben Geduld und Hingabe kehrten sie Sommer für Sommer an denselben See zurück, um das faszinierende Verhalten einer Familie von Eistauchern zu dokumentieren. Das Fotografenteam wurde mit vielen Preisen ausgezeichnet, u.a. wurde ihm auf der Northern Wildlife Expo des Jahres 1997 der erstmalig vergebene Titel »Featured Artist« verliehen.

MERLIN D. TUTTLE – AUSTIN, TEXAS
Merlin D. Tuttle, Gründer und Direktor der Bat Conservation International, die sich dem Schutz der Fledermäuse verschrieben hat, ist weltweit anerkannt als führender Wissenschaftler, Tierfotograf und Umweltschützer. Er hat mit seinen Aktivitäten viel dazu beigetragen, die alten Vorurteile gegenüber Fledermäusen auszuräumen.

JEFF VANUGA – DUBOIS, WYOMING
Jeff Vanuga, der für seine herausragenden Natur- und Wildtierpublikationen die halbe Welt bereist, gewann mit seinen Fotografien viele Wettbewerbe, u.a. wurde er »BBC Wildlife Photographer of the Year«. Auch die Outdoors Writers Association of America verlieh ihm die höchste Auszeichnung. Er hatte eine Ausstellung im Nikon House in New York City und im Museum of Natural History von Salt Lake City.

INHALT

ÜBERLEBENS-STRATEGIEN

Ein Rudel Wölfe (LINKS) *überquert auf der Jagd einen eisigen Fluß in den Rocky Mountains von Montana. Da Wölfe häufig Herdentiere jagen, die um einiges größer sind als sie selbst, haben sie ausgeklügelte Strategien entwickelt, wie sie die Herden zerstreuen und schwache oder kranke Tiere isolieren, um sie dann schlagen zu können.*

»Unsere Vorstellung von den Tieren sollte anders – weiser und vielleicht mystischer – sein«, schrieb Henry Beston vor 70 Jahren. »Wir schauen auf sie herab aufgrund ihrer Unvollkommenheit, aufgrund ihres tragischen Schicksals, so weit unter uns zu stehen. Aber darin irren wir, und wir irren gewaltig.«

Als Schatten kreuzen sie auf einsamen Landstraßen die Lichtkegel unserer Scheinwerfer. Auf Spaziergängen in einsamen Wäldern sehen wir sie aus den Augenwinkeln heraus vorbeihuschen. Hoch droben am Abendhimmel, verborgen in den Wäldern oder im Morgengrauen weit draußen auf dem Wasser singen sie von unberührten Plätzen. Mit Fängen und Klauen ausgestattete Tiere geistern durch unsere Träume und wecken alte, atavistische Ängste in uns, die zweifellos vor Urzeiten an flackernden Feuern in feuchten Höhlen entstanden sind. Wie sicher wir uns auch in unserer Umgebung fühlen mögen, wir werden doch beständig daran erinnert, daß wir nicht die einzigen Lebewesen auf dem Planeten Erde sind. Und der Anblick von Pelz und Gefieder stellt uns immer wieder vor die bohrende Frage: Ist der Mensch tatsächlich die erfolgreichste, die am höchsten entwickelte Form des Lebens? Und nach welchen Kriterien will er das beurteilen?

Eisern halten wir an keineswegs gesicherten Beweisen für unsere geistige Überlegenheit gegenüber den Tieren fest: Allein der Mensch ist vernunftbegabt, benutzt Werkzeuge, weiß Schönheit zu schätzen, denkt abstrakt. Dem ist aber nicht so. »Ich beobachtete einmal einen Schimpansen«, berichtete der Forscher Adriaan Kortlandt, »der volle 15 Minuten lang

Monarchfalter versammeln sich zu Tausenden in ihren Winterquartieren in Santa Cruz, wo sie die kalte Jahreszeit verbringen. Im Frühjahr fliegen sie wieder nach Norden, manche fast 5 000 Kilometer weit. Zu dem zurückkehrenden Schmetterlingsschwarm gehören dann Tiere, die fünf Generationen jünger sind als diejenigen, die zu der großen Wanderung aufbrachen.

einen besonders schönen Sonnenuntergang betrachtete, die wechselnden Farben beobachtete [und dann] in den Wald zurückging, ohne sich eine Papaya zum Abendessen zu pflücken.« Die in der Tundra beheimateten Singschwäne geben zu Beginn ihrer großen, alle zwei Jahre stattfindenden Wanderung scheidenden Gruppen einen ganz speziellen, traurig-schönen Gesang mit auf den Weg, der sonst nur noch bei einer Gelegenheit erklingt: beim Tod eines Mitglieds ihrer Gruppe. Diese Schwäne haben eine Vorstellung vom Jenseits.

Die Ureinwohner Amerikas lauschten andächtig den Geiststimmen der Tiere und erfuhren Weisheiten, die viele Menschen heute zu ihrem eigenen Schaden ignorieren: Sei, was du bist, nimm nur das, was du brauchst, trage Sorge für deine Nachkommen, und vor allem anderen und egal, was kommt: Gib nie auf!

Der Fernseher in unserem Wohnzimmer gaukelt uns eine enge Vertrautheit mit der Natur vor, ohne jede Anstrengung und Gefahr, aber auch ohne diese prickelnde Spannung, die sich beim engen Kontakt mit einem wilden Tier einstellt. Kitschige Tier- und Naturfilme bestärken uns in unserer Gewohnheit, wilde Tiere nur als Dekoration zu betrachten, an der man sich erfreut und der man sich jederzeit entledigen kann, sollte sie unbequem werden.

Voller Stolz brausen wir in klimatisierten Wagen über informationsgesäumte Straßen und versuchen zu vergessen, daß unser Leben genau wie das der wilden Tiere seine Grenzen hat. Wir können nur staunen, mit welcher Eleganz sich Tiere fortbewegen, und das, ohne darüber nachzudenken und ohne etwas zu besitzen.

Alles, was sie brauchen, haben die Tiere in sich selbst, und der Umgang mit ihren Gaben könnte sorgsamer nicht sein. Ein Karibu trägt bei seinen Wanderungen durch seine sub-

Eines der seltensten Säugetiere auf dem amerikanischen Kontinent, ein Schwarzfußiltis, schaut traurig aus seinem Bau in Casper, Wyoming, in der Nähe des Shirley Basin. Der Iltis ernährt sich hauptsächlich von Präriehunden, die er in ihrem unterirdischen Bau aufspürt. Bemühungen, den Präriehundbestand zu verringern, haben den Iltis fast ausgerottet.

arktische Heimat seinen persönlichen Wärmeaustauscher immer bei sich. Die Arterien und Venen in seinen Beinen sind miteinander verbunden, so daß das arterielle Blut das in den Venen zurückfließende erwärmt und somit den Wärmeverlust minimiert.

Mehrere Nachtfalterarten, die Lieblingsbeute von Fledermäusen, haben auf ihrer Brust zwei zusätzliche Trommelfelle ausgebildet, die so sensibel sind, daß die Falter die radarartigen Zielsuchsignale der Fledermäuse empfangen und rechtzeitig fliehen können. Leider werden diese Falter aber auch von parasitären Milben befallen, die Löcher in ihr Trommelfell bohren. Eine Ertaubung hätte für die Milben genauso katastrophale Folgen wie für die Falter. Doch soweit kommt es nicht. Die erste Milbe, die sich bei ihrem Wirt einnistet, legt eine chemische Spur aus, der alle nachkommenden Milben folgen, so daß immer nur ein Ohr geschädigt wird.

Mit ausgeklügelten Strategien passen sich die Wildtiere der Umgebung, der Jahreszeit, anderen Tieren und dem Menschen an. Dies geschieht so ohne Arglist und Täuschung, daß wir es nur beneiden können. Henry Beston drückte es einmal so aus: »In einer Welt, die älter und perfekter ist als unsere, bewegen sie sich in höchster Vollendung mit einer beneidenswerten Sinnesschärfe und überleben durch für uns nicht wahrnehmbare Stimmen.«

Dieses Buch lädt dazu ein, die Schönheit und Wildheit der Tiere bewußt wahrzunehmen, aber auch neu zu überdenken, was ihr Dasein für uns bedeutet. Durch das Kameraauge der besten Tierfotografen können wir ein detaillierteres Bild davon bekommen, wie alles Leben miteinander vernetzt ist. Uns Menschen ist es lediglich gelungen, uns vor unserer Umwelt zu schützen; wildlebende Tiere haben sich der ihren optimal angepaßt.

Erstes Kapitel

IM SCHUTZ DES WALDES

Tiere wie Menschen finden im Wald leichter Schutz und Nahrung als sonst irgendwo. Mit Ausnahme von Berggipfeln, Wüsten, Prärien und Städten ist der nordamerikanische Kontinent ungefähr vom Polarkreis bis zur Landenge von Panama von einem dichten Baumbestand bedeckt. Er bildet eines der großen Waldgebiete der Erde in den gemäßigten Zonen mit immergrünen Nadelbäumen nördlich der kanadischen Grenze und einer Mischung aus Nadel- und Laubbäumen südlich dieser Grenze.

Das Leben der Waldtiere spielt sich auf fünf genau definierten Niveaus ab: dem Boden, der Ebene der Kräuter, der Sträucher und der niederen Bäume sowie dem grünen Baldachin darüber. Einige Waldbewohner beschränken ihre Aktivitäten auf eine oder zwei Ebenen, andere operieren auf sämtlichen Niveaus.

Das meiste Leben findet sich in und auf dem Waldboden, einem dicken, feuchten Teppich aus abgefallenen Blättern oder Nadeln, in dem es von Erdwürmern, Insekten, Schnecken und ähnlichem Getier förmlich wimmelt. Blätter und Nadeln bieten zusammen mit herabgefallenen Nüssen und Früchten Nahrung für Zehntausende von Nagetieren, der größten Säugetiergruppe Nordamerikas. Zu dieser Familie gehört sowohl die winzige, gerade mal drei Gramm leichte Zwergspitzmaus wie auch der behäbige Biber, der größte Nager des Kontinents, und ebenso die am weitesten verbreitete Gruppe der Hirschmäuse, die in jedem Wald Nordamerikas vertreten sind.

Diese Jährlinge des Weißwedelhirschs (LINKS) wurden in Wisconsin aufgenommen. Das getupfte Fell macht sie für Feinde praktisch unsichtbar, wenn sie sich auf sonnenbeschienenem Waldboden zusammenrollen. Beim Trinken oder Äsen beobachtet eines immer wachsam die Umgebung, damit es rechtzeitig vor möglichen Gefahren warnen kann.

Der schlimmste Alptraum eines Nagers, mit den Augen einer Maus gesehen: ein Bartkauz (LINKS) im Angriffsflug in St. Jacques im kanadischen Quebec. Das konkav gewölbte Gesicht ist Teil eines so empfindlichen Systems zur Echopeilung, daß der Bartkauz jeden noch so kleinen Nager orten kann, selbst wenn er sich unter einer 60 Zentimeter dicken Schneedecke bewegt.

Ein Schwarzbär (RECHTS) bearbeitet auf der Suche nach Larven und Würmern einen Baumstumpf mit seinen Klauen. Da in Montana schon Schnee fällt, wird sich der Bär bald in seine gemütliche Höhle zurückziehen. Er hält keinen Winterschlaf – Körpertemperatur und Stoffwechsel verändern sich nicht drastisch –, sondern macht nur ein paar sehr ausgedehnte Nickerchen.

Nagetiere sind auf ihre Zähne angewiesen, die bei ihnen, im Unterschied zu allen anderen Säugetieren, unaufhörlich wachsen. Sie können auch an harter Nahrung knabbern und Nüsse knacken, ohne daß sich ihre Zähne abnutzen. Die Sache hat allerdings einen Haken: Bei einer Fehlstellung kann der betreffende Zahn so lang werden, daß das Tier nicht mehr in der Lage ist zu fressen und verhungern muß.

Zwei nagetierähnliche Allesfresser, die sich den Waldboden mit ihren nagenden Verwandten teilen, sind das Opossum, auch Beutelratte genannt, und der Waschbär. Sie gelten oft als das dümmste bzw. klügste Tier ihrer Größenordnung. Das Opossum ist aber eher primitiv als dumm, gehört es doch zu einer der ältesten Tierfamilien der Erde. Seine Vorfahren kannten die Dinosaurier. Der Waschbär dagegen wird seinem Ruf als eines der lebhaftesten, verspieltesten und intelligentesten Tiere in jeder Hinsicht gerecht. Obwohl Waschbären für ihre offensichtliche Pingeligkeit bekannt sind – sie waschen häufig ihre Hände und die Nahrung –, weiß niemand genau, warum sie ihr Essen gern ins Wasser tauchen. Sie fressen alles, von Aas bis Abfall, und versuchen, überall an Nahrung zu gelangen. Ständig betasten sie mit ihren zartgliedrigen Händen ihre Umgebung. In Gefangenschaft haben Waschbären gelernt, Wasserhähne aufzudrehen, um trinken zu können, und fast jede Tür zu öffnen.

Die nächsten beiden Ebenen des Waldes, die der Kräuter und Sträucher, sind unter anderem das Reich der Hirsche – Weißwedelhirsche im Osten, Schwarzwedel- oder Maultierhirsche im Westen der USA. Hirsche mögen zarte Zweige, Blätter und Schößlinge genauso gern wie Gras. Einen Großteil ihrer Zeit verbringen sie am Waldrand, von wo aus sie sich zum Äsen auf Wiesen und Felder wagen, den Schutz der Bäume immer im Rücken.

Drei Bärenjunge (LINKS) *in Nordminnesota demonstrieren hier ihre Kletterkünste, die Schwarzbären von Grizzlys unterscheiden. Diese Fähigkeit werden sie ihr Leben lang nutzen, um ihren Speisezettel, auf dem von Aas bis Insekten alles steht, durch Früchte, Beeren und Nüsse zu bereichern.*

Der weiße Kermodes-Bär (RECHTS) *gehört zur Familie der Schwarzbären und wird auch als Geisterbär bezeichnet. Er kommt nur in der kanadischen Provinz British Columbia vor. Dieser hier wurde an der Küste der Princess Royal Island aufgenommen.*

Obwohl sie zu den bekanntesten Wildarten zählen, gibt es bei den Hirschen noch viele Rätsel zu lösen. So können sie sich zum Beispiel einer der ausgeklügeltsten Anpassungen rühmen, nämlich des herrlichen Geweihs, das den Böcken im Frühjahr wächst und das sie im Herbst wieder abwerfen. Für die jährliche Ausbildung des Geweihs sind eine Menge Nahrung und die unterschiedlichsten Stoffwechselvorgänge erforderlich – je älter der Hirsch ist, desto mehr. Dabei dient das Geweih nicht zur Verteidigung (Hirsche, die in Gefahr sind, schlagen mit ihren spitzen Vorderhufen aus), sondern nur als Schmuck.

Dafür spielen Geweihe im Lebenskreislauf des Waldes eine wichtige und noch wenig beachtete Rolle. Unwissende Zeitgenossen, die durch Wälder mit hohem Wildbestand gehen, mögen sich wundern, weshalb man fast nie ein abgeworfenes Geweih findet, obwohl doch jeden Winter Tausende davon auf dem Waldboden liegen müßten. Da Geweihe für Nagetiere die Hauptquelle an lebenswichtigen Mineralstoffen sind, machen sie sich sofort darüber her.

Das nächste Glied in der Nahrungskette bilden die Raubtiere, deren Hauptnahrungsquelle die Bodenbewohner des Waldes sind. Gemeinhin neigt man dazu, Beutegreifer als die Feinde liebenswerterer Tiere zu sehen – vor allem Wölfe sind nicht gerade Sympathieträger. Zahlreichen Studien zufolge ist aber der Kreislauf des Fressens und Gefressenwerdens notwendig und die einzige Möglichkeit, den Tierbestand zu begrenzen und gesund zu halten.

Besonders den Hirschen kann ihre eigene Fruchtbarkeit gefährlich werden. Durch das Eingreifen des Menschen wurden ihre natürlichen Feinde – Großkatzen, Wölfe und Kojoten – so weit reguliert, daß der Hirschbestand in vielen Wäldern für den Menschen zum Ärgernis und für die Tiere selbst zu einer Gefahr wird. Leben zuviele Hirsche auf engem Raum, über-

Ein Rotfuchs (LINKS) sucht sich seinen Weg am Ufer eines vereisten Bachs im Prince-Albert-Nationalpark in der Provinz Saskatchewan. Als erfolgreichstes Raubtier Nordamerikas hat sich der Fuchs auf die Eingriffe des Menschen in seinen Lebensraum eingestellt und ist heute zahlreicher und weiter verbreitet denn je.

Ein anderer Rotfuchs (RECHTS) im Prince-Albert-Nationalpark wägt seine Chancen ab. Der Fuchs jagt zwar am liebsten kleine Säugetiere, doch flexibel und schlau, wie er ist, nimmt er fast alles, was kommt.

tragen sie Parasiten und Krankheiten. Zu Beginn des 20. Jahrhunderts löschten sich die Weißwedelhirschbestände im Osten der USA praktisch selbst aus. Daß sich die Populationen erholt haben, ist einer sorgfältigen Hege und einem kontrollierten Abschuß zu verdanken.

Im Wald gibt es nur wenige Beutegreifer, die dem Hirsch gefährlich werden können. Der gewaltigste ist der Bär. Wie der Bestand des Weißwedelhirschs war auch der des Schwarzbären im Osten der USA vor 50 Jahren ernsthaft gefährdet. Inzwischen hat er sich jedoch wieder erholt. Im Gegensatz zum Hirsch wird sich der Bär jedoch nie an die Nachbarschaft des Menschen gewöhnen. Bereits ein kleines weibliches Tier braucht ein Revier von mindestens acht Quadratkilometern. Ein ausgewachsener männlicher Bär benötigt bis zu 150 Quadratkilometern, um sich wohl zu fühlen. Obwohl sie zu den Fleischfressern gehören und praktisch immer Hunger haben, vertilgen Schwarzbären auch Früchte und Nüsse. Wenn sie Fleisch fressen, dann gewöhnlich kleine Säugetiere. Ähnlich steht es mit den kleineren Raubkatzen – etwa dem Luchs in den nördlichen Nadelwäldern und seinem Verwandten dem Rotluchs in den Mischwäldern des Ostens – und den Kaniden wie Fuchs und Kojote. Sie töten Nager und kleine Säugetiere, aber nur selten einen Hirsch.

Die Feinde des Großwildes, Wölfe und Großkatzen, wurden an die Ränder des besiedelten Amerika verdrängt. Oft legt ein Rudel Wölfe in einer Nacht über 60 Kilometer zurück, um ein großes Säugetier zu reißen, und hat doch kein Glück. Trotz jahrzehntelanger friedlicher Koexistenz mit den Bewohnern Kanadas und der USA und trotz eines Programms zu seiner Wiederansiedelung im Yellowstone-Nationalpark bleibt der Wolf ein ungeliebter Gast in den Wäldern.

Junge Rotfüchse (OBEN) *verlassen ihren Bau im Herzen von Montana. Im Gegensatz zu anderen Mitgliedern aus der Familie der Hundeartigen spielen und jagen Füchse wie Katzen. Statt im Rudel zu jagen, schleichen sie sich allein an ihre Beute an und stürzen sich dann mit einem Satz auf sie* (RECHTS).

Junge Rotfüchse lernen schon sehr früh, durch Rituale wie Zähneblecken eine Rangordnung herzustellen (OBEN). Das rechte männliche Tier gewinnt diese Auseinandersetzung.

Ein Rotschwanzbussard (LINKS) in Boulder, Colorado, hat Beute gesichtet und macht sich zum Abflug bereit. Oft sieht man sie zu zweit auf der Suche nach der nächsten Mahlzeit durch die Lüfte gleiten. Ihr pfeifender Ruf ist charakteristisch für die Wälder Nordamerikas.

Der Hahn eines Kragenhuhns (OBEN), aufgenommen in Utah, versucht mit raschen Flügelschlägen, ein Weibchen anzulocken. Zeigt sich ein Weibchen, plustert der Hahn sich auf, bis die Federn am Hals einer Halskrause gleichen, spreizt die Schwanzfedern und stellt sich in Positur.

Ein Helmspecht (RECHTS) in Florida schaut nach seinem Weibchen in ihrer in den Baum gemeißelten Bruthöhle. Mit seinen kurzen Beinen krallt sich der Specht an der Baumrinde fest.

Ein Rotluchs (LINKS) *in Montana zeigt die Sinneswerkzeuge eines optimal ausgestatteten Beutegreifers: scharfe Augen, empfindsame Schnurrhaare, einen ausgezeichneten Geruchssinn sowie ein unfehlbares Gehör, das noch von den antennenähnlichen Haarpinseln auf den Ohren unterstützt wird.*

Ein Rotluchs (RECHTS) *in Pierce County, Washington, beweist hier, daß die Abneigung von Katzen gegenüber Wasser durch ihren Appetit auf leckere Beute überwunden werden kann. Katzen pirschen sich langsam an ihre Beutetiere heran, zu denen auch Fische gehören können, um sich dann mit einem tödlichen Satz auf sie zu stürzen.*

Ein Rotluchs (GANZ RECHTS) *ruht sich auf einem seiner Lieblingsbäume im Arapaho National Forest in Colorado aus. Rotluchse sind Einzelgänger, die bis auf die Paarungszeit im späten Winter und frühen Frühling das ganze Jahr über allein leben und jagen.*

Drei kleine Waschbären (LINKS) betrachten die Welt aus ihrer Lieblingsunterkunft, einem hohlen Baum. Hier wird in Zukunft jede Menge Unsinn ausgeheckt werden, da die Halbstarken auf der Suche nach Eßbarem bald jede Nacht durch die Rocky Mountains im südwestlichen Montana streifen werden.

Mit seinem kleineren Gehirn und wenig intelligenten Gesichtsausdruck wird das Opossum, wie dieses Exemplar in Michigans Upper Peninsula (OBEN), oft als dem Waschbären unterlegen angesehen. Doch beide Arten setzen sich trotz starker Konkurrenz durch und wissen mit den Eingriffen des Menschen in ihren Lebensraum bestens umzugehen.

Ein Stachelschweinkuss (RECHTS) erfordert äußerste Behutsamkeit. Die Tausenden mit Widerhaken versehenen Stacheln, verborgen im borstigen Haarkleid des Tieres, sind bereits bei der Geburt vorhanden, allerdings noch weich und harmlos, bis sie an der Sonne trocknen.

Der flinkeste unter den Fleischfressern, der Fischmarder – dieses Exemplar (LINKS) wurde in der Nähe von Bozeman in Montana aufgenommen –, kann ein Eichhörnchen überholen und den Verteidigungsmechanismus eines Stachelschweins umgehen, indem er direkt von vorn im Brustbereich angreift. Wo Stachelschweine so sehr überhandnehmen, daß Bäume sterben, weil sie die Rinde abschälen, kann das Ansiedeln von Fischmardern ein wirksames Gegenmittel sein.

Was Geschwindigkeit und Gewandtheit betrifft, wird ein Fichtenmarder (RECHTS), der auch Amerikanischer Zobel genannt wird, nur vom Fischmarder übertroffen. Ansonsten kann er schneller klettern, laufen und graben als fast jedes andere kleine Säugetier. Sein glänzend braunes Fell wird fast so hoch gehandelt wie das seines nahen Verwandten, des Nerzes. Dieser hier wurde in West-Washington beobachtet.

Ein Goldspecht (OBEN) hat sich auf einer vielversprechenden Insektenwohnstatt im Yellowstone-Nationalpark in Wyoming niedergelassen. Goldspechte zucken fast ununterbrochen mit Schwanz und Flügel; im Gegensatz zu den anderen Spechten suchen sie ihr Futter oft auch auf dem Boden.

Von der Kleidung eines römisch-katholischen Kardinals, deren Farbe seinem Federkleid ähnelt, hat der Rote Kardinal (LINKS) seinen Namen. Von Tarnung hält er nichts, obwohl die Weibchen braun gefleckt und weit weniger auffällig sind. Dieser hier sondiert die Lage in Grafton, Virginia.

Ein Blauhäherweibchen in White Pine, Pennsylvania, füttert ihre hungrigen Jungen (OBEN). Als heiser rufende, aggressive Mitglieder der Rabenfamilie genießen Blauhäher wegen ihres rücksichtslosen Verhaltens anderen Vögeln gegenüber nicht den besten Ruf.

Junge Luchse (OBEN) haben große Ähnlichkeit mit unseren Hauskatzen. In der Wildnis, wie hier in Montana, zieht die Mutter sie allein groß, ohne die Hilfe des Vaters, der sich so gut wie nie um sie kümmert.

Diese beiden Luchse (OBEN) zeigen gelassen ihr seidig glänzendes Fell, das sie zu einer begehrten Beute der Pelzjäger macht. Sie wurden zwar in Montana gesehen, doch in der Regel findet man Luchse fast nur noch nördlich der Grenze zwischen den USA und Kanada. Sie stehen auf der Liste der bedrohten Tierarten.

Ein Luchs demonstriert, wie gut er mit seinen großen, gepolsterten Pranken und langen Beinen schnell über Schnee und Eis laufen kann (RECHTS). Trotz seiner Schnelligkeit verläßt er sich zum Überleben auf seine Fähigkeiten als Pirschgänger, die es ihm erlauben, sich ganz nah an die Beute heranzuschleichen.

Wölfe sind als äußerst gesellig lebende Tiere bekannt, doch dieser hier in den Rocky Mountains im südwestlichen Montana (LINKS) läßt sein Rudel wissen, daß angesichts eines frisch geschlagenen Beutetiers gilt: Wer zuerst kommt, mahlt zuerst. Auch wenn es gefährlich aussieht, ist das Gehabe meist nur Bluff. Wölfe sind ihr Leben lang mit demselben Partner zusammen und pflegen dem Rudel gegenüber ein hohes Maß an Loyalität und Treue.

Ein ausgewachsener Weißwedelhirsch – dieser Bock (RECHTS) wurde in Missouri fotografiert – demonstriert, was seinesgleichen tut, um nicht die Beute eines Raubtieres zu werden: Er läuft mit Höchstgeschwindigkeit davon, den Spiegel hoch erhoben, um damit das andere Wild in der Umgebung zu warnen.

Drei Wölfe (LINKS) *setzen in Montana am Rand eines für den Norden typischen Nadelwaldes über sumpfiges Gelände. Wolfsrudel haben über 130 Quadratkilometer große Reviere, zu denen nur die eigenen Rudelmitglieder Zutritt haben. Anderen Rudeln wird durch Heulkonzerte, Urin- und Kotmarkierungen entlang den Grenzen deutlich zu verstehen gegeben, daß sie hier nichts zu suchen haben.*

Drei Wolfsjunge (RECHTS) *inspizieren den Kabetogama State Forest in Minnesota. In Wolfsrudeln herrscht eine strenge Hierarchie: Nur das jeweilige Alphapaar, die weiblichen und männlichen Anführer, haben Junge. Alle anderen Rudelmitglieder helfen bei der Aufzucht.*

Das Kitz eines Weißwedelhirschs (LINKS) *betrachtet interessiert einen Monarchfalter im Lee Metcalf National Wilderness Reservat in Montana. Beide sind Kinder des Frühlings; zum Überleben versteckt sich jedoch das Kitz bei Gefahr. Mehrere Wochen lang hält es sogar seinen Urin und Kot zurück, um Beutegreifern keine Spur zu hinterlassen.*

Drei Weißwedelhirsche, ein Bock und zwei Geißen (OBEN), *vor dem Sonnenuntergang in Missouri. Nach der Brunft im Herbst wirft der Bock sein Geweih ab, das im Frühling durch ein etwas größeres mit mehr Sprossen oder Enden ersetzt wird.*

ZWEITES KAPITEL

AN STEILEN GEBIRGSHÄNGEN

Eine Schneeziege beäugt mit ihrem Kitz (LINKS) ihr Revier in Montana. Die Schneeziege ist leichtfüßig und mit ihrem gedrungenen, drahtigen Körper sowie dem ausgesprochen guten Gleichgewichtssinn prädestiniert fürs Klettern im Gebirge. Sie fühlt sich wohl in Höhen, in die sich nur wenige andere Tiere trauen.

TEMPERATURUNTERSCHIEDE, die sich in der Ebene erst bei sehr großen Entfernungen bemerkbar machen, treten im Gebirge schon auf zwei oder drei Höhenkilometern auf und verlangen eine hohe Anpassungsfähigkeit, um im Hochland zu überleben. Wie der Wald, so gliedert sich auch das Gebirge in übereinanderliegende Ökosysteme, angefangen von den sanft geschwungenen Bergausläufern bis hinauf auf die vom Sturm gepeitschten und vereisten Gipfel. Wer sowohl in eisigen Höhen als auch in den Gebirgstälern überleben will, muß besonders ausgerüstet sein. Kleine Tiere finden ihre Biotope an bestimmten Stellen des Gebirges. Der Lebensraum der großen Huftiere mit speziellen, auf das Hochland ausgerichteten Eigenschaften umfaßt sämtliche Niveaus, von den Bergausläufern bis hinauf auf die Gipfel.

Das vielleicht am perfektesten angepaßte Tier ist die Schneeziege. Sie geht auf Zehenspitzen, die durch Hufe geschützt sind; jeder Fuß entspricht einem hartschaligen, gummiartig gepolsterten Kletterhaken. Solche Füße, dazu noch kurze, kräftige Beine, ein gedrungener Leib und scharfe Augen ermöglichen eine spinnengleiche Agilität an Felswänden und auf Gebirgszacken, wohin nur wenige andere Tiere folgen können.

Wildschafe sind zwar genausogut ausgerüstet, um die Gipfel zu erklimmen und Verfolger abzuschütteln, doch sie sind geübter im Abstieg. Wenn im September Frost und Wassermangel die hochgelegene Rocky-Mountain-Tundra zu Ödland machen, beginnen die Dickhornschafe auf der Suche nach besseren Weideplätzen mit dem Abstieg. Im Gegensatz

Ein Weißkopfseeadler in Alaska (LINKS) stürzt sich mit ausgestreckten Krallen auf seine Beute. Gewöhnlich ist es ein Fisch, den er dann mit dem gebogenen Schnabel zerlegt. Es dauert lange, bis ein junger Seeadler erwachsen ist. Manche bleiben bis zu 100 Tagen im Horst, und erst nach vier oder fünf Jahren bekommen sie die charakteristischen weißen Kopffedern.

Zwei Weißkopfseeadler (RECHTS) streiten sich um den Ausguck auf einem abgestorbenen Baumstamm an der Küste Alaskas. Adler haben ihr Leben lang denselben Partner, und ihre alljährliche, in großer Höhe ausgeführte akrobatische Brautwerberschau scheint eine Art Erneuerung ihres Treueversprechens zu sein.

zum Hirsch wandern und äsen sie bei Tag, meiden den Wald und halten sich im offenen Gelände auf, wo sie mit ihren scharfen Augen Beutegreifer schon auf weite Entfernung erkennen können. Soweit möglich, bleiben sie in der Nähe von Felszacken. Dorthin flüchten sie sich bei Gefahr, klettern mühelos hinauf und hängen fast jeden ab.

In der Brunftzeit im Dezember legen die Böcke die Rangordnung fest, indem sie sich paarweise absondern und immer wieder gegeneinander anrennen. Das Dröhnen des Zusammenpralls der Hörner ist meilenweit zu hören. Das Ganze erweckt allerdings eher den Eindruck eines Tanzes als den eines Kampfes, denn vor jedem Zusammenstoß wird versucht, mit reichlich Imponiergehabe und furchteinflößenden Blicken Eindruck zu schinden. Der Wettstreit endet, wenn einer der Böcke auf den Vortritt bei den Damen verzichtet und, soweit seine wackligen Beine es erlauben, würdevoll von dannen zieht.

Im Mai, wenn der Winter endlich seinen Griff lockert und es auch im Gebirge Frühling wird, wandern die schwangeren Mutterschafe von den Tälern hinauf zu einem derart zerklüfteten Geburtsplatz, daß den dort geborenen Lämmern höchstens Gefahr von herabstoßenden Adlern droht. Bereits eine halbe Stunde nach der Geburt sind die Lämmer perfekte Bergsteiger. Wenn sie etwa eine Woche alt sind, versammeln die Mütter ihre Kleinen und führen sie im Gänsemarsch zu den Böcken und Jungtieren, die in der Zwischenzeit in ihre Sommerquartiere in der hochgelegenen Tundra zurückgekehrt sind.

Nicht alle Anpassungsmechanismen und Strategien, die das Gebirge seinen Bewohnern abverlangt, sind so offensichtlich oder komplex wie die der Schneeziegen und Schafe. Wenn der im Gebirge lebende Schwarzwedelhirsch aufgeschreckt wird, läuft er den Berg

Ein Gelbbäuchiges Murmeltier (LINKS) auf seinem Beobachtungsposten im Glacier-Nationalpark in Montana. Es bewohnt die Felsengebirge im Westen der USA und legt seinen Bau gewöhnlich in der Nähe eines solchen Ausgucks an, von wo aus es nach möglichen Feinden Ausschau halten kann.

Ein Wapiti (RECHTS) schaut sich beim Überqueren des Madison River im Yellowstone-Nationalpark nach möglichen Verfolgern um. Dieses größte Mitglied der Hirschfamilie nach dem Elch erreicht eine Schulterhöhe von bis zu eineinhalb Meter und ein Gewicht von über 350 Kilogramm. Ihre Geweihstangen können bis zu eineinhalb Meter lang werden.

hinauf, wo er freie Sicht hat und besser taktieren kann. In derselben Situation rast der eng mit ihm verwandte Weißwedelhirsch den Hang hinunter, weil er auf Schnelligkeit setzt.

Bei der hohen Anzahl der oft über 100 Kilogramm schweren Huftiere ist es kein Wunder, daß das Gebirge auch viele große Beutegreifer beherbergt, wie den höchst spezialisierten Puma. Mit seinen muskulösen Hinterläufen für weite Sprünge, seinen pelzüberzogenen Sohlen zum lautlosen Anschleichen, seinen rasiermesserscharfen Klauen zum Zupacken und Reißen, seinen spitzen Zähnen, mit denen er Löcher in Arterien beißen und Fleischbrocken aus seinem Opfer herausreißen kann, und mit seiner rauhen Zunge, mit der er das weiche Fleisch von den Knochen löst, ist der Puma das Paradebeispiel eines Raubtieres, das einen Elch, der fünfmal so schwer ist wie er selbst, stellen und töten kann.

Die Großkatzen der Welt werden eingeteilt in solche, die brüllen, und solche, die schnurren. Der Puma ist Nordamerikas größter Vertreter der Schnurrkatzen. Entgegen der allgemeinen Ansicht brüllen Pumas nicht, sondern lassen eher ein lautes Schnurren hören. Wenn sie miteinander kommunizieren, stoßen sie pfeifende Rufe aus. Sie sind Einzelgänger: Die Männchen bleiben nur während der zweiwöchigen Brunftzeit bei den Weibchen, und die Weibchen bei ihren Jungen nur so lange, bis diese sich mit etwa 20 Monaten selbst versorgen können. Der einst auf dem gesamten nordamerikanischen Kontinent weitverbreitete Puma lebt heute nur noch im gebirgigen Westen und in Florida.

Die größten Beutegreifer im Gebirge und auf der ganzen Erde sind die Braunbären mit dem für sie typischen Buckel. Zu den Braunbären zählen auch die Grizzlys, deren Fell durch das graue, borstige Deckhaar am Rücken silbrig glänzt. »Nichts ist so eindrucksvoll

Ein einsamer Grizzly (LINKS) zieht über ein Schneefeld im Denali-Nationalpark von Alaska. Im Gegensatz zu den meisten anderen Tieren sind Bären Sohlengänger, das heißt, beim Gehen berühren wie beim Menschen die Fußsohle und alle fünf Zehen den Boden.

Ein männlicher Grizzly (RECHTS) im Ashley National Forest in Utah zeigt seine Unzufriedenheit über Eindringlinge in sein Revier. Daß Grizzlys Menschen oder ihresgleichen angreifen, kommt allerdings höchst selten vor. Eine Unmutsbekundung wie diese von einem 350 Kilogramm schweren Koloß reicht meist aus, um die Angelegenheit zu regeln.

wie der Anblick eines mächtigen Bären, der einen Berghang entlangzieht und dessen silbriges Fell sich über den kräftigen Muskeln wellt«, schrieb der einstige Berufsjäger und heutige Tierfotograf Andy Russell. »Er strahlt eine Würde und Kraft aus, die keinem anderen Tier in der nordamerikanischen Wildnis gleichkommt.«

Braunbären sind Allesfresser. Obgleich sie zu den Fleischfressern zählen und es auf ein Gewicht von bis zu 450 Kilo und manchmal sogar noch mehr bringen, ernähren sich Braunbären hauptsächlich von Pflanzen. Sie mögen zwar Fleisch und Fisch, selbst als Aas, können jedoch von solchen Delikatessen allein nicht leben. Braunbären müssen, solange es Nahrung gibt, praktisch ständig fressen – bis zu 40 Kilogramm pro Tag –, um sich genügend Reserven für die lange Winterruhe zuzulegen. Um von schnellfüßigen Weidetieren leben zu können, sind sie selber nicht flink genug, obwohl sie für ihr Gewicht über kurze Strecken erstaunlich schnell sind. Ihr Gebiß ist nicht so perfekt darauf ausgerichtet, Fleisch von den Knochen zu reißen, wie das anderer Beutegreifer. Dafür eignen sich ihre Lippen besonders gut zum Beerenpflücken und die Klauen zum Ausgraben von Wurzeln.

Eine Regel besagt, daß man groß gewachsen sein muß, um im Gebirge zu überleben. Wie zu jeder Regel gibt es auch zu dieser eine Ausnahme: den Vielfraß. Das knapp 20 Kilogramm schwere Wiesel, das seine vergleichsweise geringe Größe durch besondere Aggressivität und lautes Gebrüll wettmacht, auf das ein Grizzly stolz sein könnte, übersteht die Winter im Gebirge jedoch nicht, indem es tötet, sondern indem es die Kadaver erfrorener oder verhungerter Tiere einsammelt. Um ausreichend Nahrung zu bekommen, muß der Vielfraß enorme Strecken zurücklegen.

Ein Grizzly (OBEN) *wartet bei den Brooks Falls in Alaska geduldig darauf, daß sich Lachse auf dem Weg zu ihren Laichplätzen stromaufwärts unter einer Stromschnelle sammeln. Dann angelt er mit der Tatze einen großen Fisch aus dem Wasser. Er hält und frißt ihn, ähnlich wie wir Menschen einen Maiskolben essen.*

Zwei junge Grizzlys (LINKS) *ringen in der Hallo Bay in Alaska um die Rangordnung. Solche Kämpfe, aus denen selten blutiger Ernst wird, finden häufig statt, wenn die Grizzlys sich im Frühling zum Lachsefischen versammeln. Auf diese Weise wird festgelegt, wer die besten Angelplätze bekommt.*

Eine Grizzlybärin und ihr Junges (OBEN) *legen beim Lachsefischen eine Pause ein und schauen, wie es bei den anderen so läuft. Später im Frühling, wenn der Lachs weiterzieht, trollen sich auch die Bären. Auf ihrer Speisekarte stehen dann wieder die üblichen Beeren und Wurzeln.*

Ein Widder des Dickhornschafs (OBEN) ruft über die Felszacken seines Reviers im Jasper-Nationalpark nach einer Gefährtin. Zeigt sich ein Weibchen, kann es sein, daß er und der andere Widder gegeneinander anrennen müssen, um festzulegen, wer zum Zuge kommt. In der Brunftzeit kann man das Geräusch der aufeinanderschlagenden Hörner meilenweit hören.

Zwei Maultierhirsche (RECHTS) am Ufer eines Sees in den kanadischen Rocky Mountains. Während die meisten Hirscharten in Herden zusammenleben, ziehen Maultierhirsche es vor, allein oder in kleinen Familienverbänden ihr genau abgestecktes Revier zu durchstreifen.

Vier Maultierhirsche (OBEN) sichern von einem Getreidefeld im südwestlichen Montana aus die Umgebung. Ihr Geweih ist noch von einem Bast genannten Gewebe überzogen. Im Winter, wenn Nahrung knapp und unter der Schneedecke verborgen ist, versammeln sich ganze Herden von Maultierhirschen und scharren auf einer großen Fläche, dem sogenannten Hof, im Schnee, um an die Nahrung zu gelangen.

Nordamerikas größte Raubkatze, ein Puma – auch Silberlöwe oder Kugar genannt – pirscht sich im Südwesten Ontarios an seine Beute heran (LINKS). In Erwartung seines Erfolgs läßt er schon die messerscharfen Krallen spielen. Von den Samtpfoten bis hin zu den scharfen Augen zählt der Puma zu den Beutegreifern dieser Erde, die am besten für diese Rolle ausgerüstet sind.

Ein Puma in Montana hat sich mit seinen langen, muskulösen Hinterläufen abgestoßen und schnellt auf seine Beute zu (RECHTS). Trotz aller Raubtierinstinkte und der besten körperlichen Voraussetzungen braucht ein junger Puma fast zwei Jahre, bis er seinen Eltern sämtliche Tricks abgeschaut hat, die man als Fleischfresser braucht.

Ein junger Puma, der auf einem Ast sitzt, zeigt beim Jaulen sein zum Herausreißen von Fleischbrocken vorzüglich geeignetes Gebiß (LINKS). Mit der rauhen Zunge kann er weiches Fleisch vom Knochen lösen.

Zwei Pumababys (RECHTS) laufen in der Nähe des Glacier-Nationalparks in Montana einen Bergkamm entlang. Obwohl sie die elterliche Höhle bereits mit zwei Monaten verlassen, bleiben junge Pumas noch über eineinhalb Jahre in der Nähe ihrer Eltern und lernen von ihnen das Raubtierhandwerk, bevor sie allein auf die Jagd gehen.

Ein Vielfraß in Montana beäugt furchtlos (OBEN), was auf ihn zukommt. Mit seinen knapp 30 Kilogramm Gewicht ist dieser Fleischfresser, der aussieht wie ein Bär, aber zur Familie der Wiesel gehört, stärker als alle anderen Tiere seiner Größe. Es wurde schon beobachtet, wie ein Vielfraß einen Elch zur Strecke brachte.

Vom Winterschlaf hält dieser Vielfraß (RECHTS) nichts. Er durchstreift die verschneiten Rocky Mountains von Montana auf der Suche nach Futter. Alles Eßbare, das er finden kann, frißt er, selbst Aas. Auf seiner Suche wandert er bis zu 50 Kilometer am Tag.

Ein Vielfraß hat den Schnellgang eingelegt (OBEN) *und überquert ein Schneefeld in Montana. Sein Gewicht wird auf vier breite, mit Fell überzogene Füße verteilt, damit er im verharschten Schnee nicht einbricht.*

Zwei Widder des Dallschafs (OBEN) im Kluane-Nationalpark in Yukon kurz vor dem Aufeinanderprallen der Köpfe. Diese Prozedur entscheidet darüber, wem die Schöne gehören wird. Unter den gewaltigen Hörnern haben sich am Schädel knöcherne Verstärkungen ausgebildet, damit dieser dem Zusammenprall standhält.

Einige Dallschafe mit ihren Jungen (LINKS) weiden einen spärlich bewachsenen Berghang im Denali-Nationalpark ab. Solche kleinen Herden ziehen im Jahresverlauf von Weide zu Weide. Nur während der Brunftzeit schließen sich die Widder den Schafen an.

Ein Mutterschaf und sein Junges (RECHTS) ruhen im Frühlingsgras des Yukontals aus. In Gebieten, in denen sie bejagt werden, sind Dallschafe scheu und ständig fluchtbereit. In Wildparks und Reservaten gewöhnen sie sich jedoch rasch an die Gesellschaft des Menschen.

Ein Baumwollschwanz-Kaninchen im Paradise Valley des Yellowstone River in Montana (LINKS) hat alle seine Sinne darauf ausgerichtet, mögliche Gefahren sofort zu erkennen. Diese im Hochgebirge lebenden Kaninchen wechseln im Winter nicht die Farbe. Damit sie im hohen Schnee nicht einsinken, wächst ihr Fell an den Füßen dichter.

Ein Berghüttensänger mit hellblauer Brust (OBEN) hat sich, die Zwischenmahlzeit fest im Schnabel, auf einem Ast niedergelassen. Die drei Arten der amerikanischen Hüttensänger – Berghüttensänger, Rotkehlhüttensänger und Blaukehlhüttensänger– kämpfen gegen die massive Konkurrenz von Sperling und Star ums Überleben.

Trompeterschwäne (RECHTS) im Formationsflug. Der Trompeterschwan war früher auf dem gesamten nordamerikanischen Kontinent heimisch, wurde jedoch stark bejagt und fast vollständig ausgerottet. Heute gibt es wieder einige kleine, verstreut lebende Populationen wie diese hier im National Elk Refuge bei Jackson in Wyoming.

Drittes Kapitel

Ein Meer aus Gras

Eine Herde zotteliger Bisons (LINKS) vor dem Sonnenuntergang im amerikanischen Westen (Windcave National Monument in South Dakota). Der Bison, dessen Bestand einmal fast 50 Millionen Tiere betrug, die fast überall auf dem nordamerikanischen Kontinent lebten, war zu Beginn des 20. Jahrhunderts fast ausgelöscht. Seither wurden in Wildparks, Naturschutzgebieten und auf Viehfarmen etliche Herden wieder angesiedelt.

Reist man von den Blue Ridge Mountains nach Westen in Richtung Mississippi, läßt man den für den Osten typischen Mischwald allmählich hinter sich und taucht ein in den langen, trockenen Schatten der Rocky Mountains. Ihre Gipfel absorbieren die gesamte Feuchtigkeit der meist vom Pazifischen Ozean kommenden Westwinde, so daß die jährliche Niederschlagsmenge immer geringer wird, je weiter man nach Westen gelangt. Am Mississippi weichen die Bäume einer Vegetationsform, die die ersten spanischen Eroberer »Meer aus Gras« nannten.

Am östlichen Rand, in Illinois und Indiana, wo der jährliche Niederschlag 75 Zentimeter übersteigt, wächst das Gras so hoch, daß die tief beeindruckten Spanier sich auf die Sättel ihrer Pferde stellen mußten, um sich orientieren zu können. Im Westen des Mississippi, wo die jährliche Niederschlagsmenge zwischen 50 und 75 Zentimeter liegt, ist das Gras kürzer. Diese Region mit mittelhohem Gras geht über in die Kurzgrasprärie im äußersten Westen, wo kaum noch 25 Zentimeter Regen im Jahr fallen und die Grashalme eine maximale Höhe von etwa 45 Zentimeter erreichen.

Jahrhundertelang waren die Bisons – fälschlicherweise allgemein Büffel genannt – und der flinke kleine Präriehund die typischen Bewohner dieser einst endlosen Weiten. Anfang des 19. Jahrhunderts gab es im Grasland zwischen Kanada und Mexiko etwa 60 Millionen Bisons (einschließlich einer etwas kleineren Bisonart, dem Waldbison, die in den Wäldern des Ostens beheimatet war). Zur selben Zeit lag der geschätzte Bestand des

Ein Kitfuchs (LINKS), der kleinste unter den Füchsen, lugt aus seinem Bau in der kalifornischen Wüste. Er heißt auch Wüstenfuchs und ist mit seiner geringen Größe und den vergleichsweise großen, den Wärmehaushalt regulierenden Ohren ausgezeichnet an das Leben in einem trockenen und heißen Klima angepaßt.

Ein Wurf junger Swiftfüchse (RECHTS) im kanadischen Alberta harrt erwartungsvoll der Dinge, die da – hoffentlich – kommen, während die Mutter auf eine kleine Ruhepause hofft. Ein Jahr lang bringen Fuchseltern ihrem Nachwuchs alles Notwendige bei, danach sind die Kleinen auf sich selbst gestellt.

kecken, nur ein Pfund schweren Präriehundes bei 25 Milliarden. Eine einzige Präriehundkolonie, die 1900 in Texas von Wissenschaftlern beobachtet wurde, bevölkerte ein Revier von 40 000 Quadratkilometern und umfaßte fast 400 Millionen Tiere. Ihr Verbreitungsgebiet fiel mit dem der Bisons zusammen. Nur in der Hochgrasprärie im Osten, wo die Graswurzeln so dicht waren, daß die Tiere sich nicht eingraben konnten, und die Halme für eine gute Sicht zu hoch standen, waren Präriehunde nicht anzutreffen.

In den Gebieten mit mittelhohem und niederem Grasbewuchs gingen der gewaltige Bison und der vergleichsweise winzige Nager eine ausgezeichnet funktionierende Partnerschaft ein. Der eine Tonne schwere Koloß schuf, indem er das Gras bis auf den Boden abweidete, die für die Sicherheit einer Präriehundkolonie notwendige freie Sicht und die Möglichkeit, sich in den Boden einzugraben. Durch die stampfenden Hufe der Bisons wurde der Boden jedoch hart und kompakt, so daß er weniger Wasser aufnehmen konnte und die Keimfähigkeit entsprechend gering war. Die grabenden Präriehunde lockerten und belüfteten den Boden und trugen so dazu bei, daß das vom Bison benötigte Gras wieder ausreichend wachsen konnte. Dieses Wechselspiel widerlegt die später allgemein akzeptierte Behauptung der Viehzüchter, nach der Präriehunde das Gras zerstören.

Präriehunde können es, was ihre bautechnischen Fähigkeiten betrifft, jederzeit mit Bibern aufnehmen. Der Bau des Präriehundes besteht aus einem komplexen, bis zu zehn Meter langen System unterirdischer Höhlen. Um Überschwemmungen zu vermeiden, ist der Haupteingang durch einen Damm geschützt. Kurz hinter dem Tunneleingang wird ein Lauschposten eingerichtet, in dem ein Präriehund knapp unter der Erdoberfläche sitzen

Gabelböcke (LINKS) im Yellowstone-Nationalpark in Habacht-Stellung. Bei höchster Alarmstufe stellen sie die Haare ihres Spiegels zu einer leuchtend weißen Warntafel auf, die noch auf vier Kilometer Entfernung zu erkennen ist.

Bei den Weibchen des Gabelbocks (RECHTS) ist das Gehörn kürzer als die Ohren und ungegabelt. Auch wenn der wissenschaftliche Name übersetzt Antilopenziege bedeutet, gehört der Gabelbock weder zu den Antilopen noch zu den Ziegen, sondern bildet eine eigene, in Nordamerika entstandene Spezies. Diese Exemplare wurden in Sweetwater County in Wyoming aufgenommen.

und Eindringlinge sofort hören kann. Eine mit lockerer Erde bedeckte »Hintertür« stellt den Notausgang dar, falls ein Dachs oder eine Schlange einen Besuch abstatten.

Die riesigen Bisonherden verschwanden fast vollständig, als europäische Siedler im Laufe des 19. Jahrhunderts die Prärie einzäunten und umpflügten. 1895 war die wild lebende Population auf etwa 20 Tiere im Yellowstone-Nationalpark und wenige 100 in Kanada zusammengeschrumpft. Heute hat sie sich wieder etwas erholt. In Wildparks und Naturschutzgebieten leben nun rund 50 000 Tiere.

Eine Überlebensstrategie von Tieren ohne Fänge und Klauen liegt darin, durch ihre bloße Zahl ihren Fortbestand zu sichern. Hasen und Kaninchen vermehren sich explosionsartig im Präriegras. Hasen werden in einer hastig ausgescharrten Erdmulde, der Sasse, geboren und müssen schon nach wenigen Stunden für sich selbst sorgen. Kaninchen dagegen kommen in einem Nest im Bau zur Welt und werden von der Mutter mindestens zwei Wochen lang gesäugt. Hasen wechseln im Winter die Fellfarbe und werden zur besseren Tarnung weiß, Kaninchen nicht.

Das Leben am Ende der Nahrungskette ist kurz. Die meisten Hasen und Kaninchen fallen noch nicht einjährig einem Beutegreifer zum Opfer. Für das Gleichgewicht der Fauna ist dieses harte Schicksal jedoch notwendig: Häsinnen sind bereits mit drei Monaten geschlechtsreif und können alle zwei Monate in einem Wurf bis zu sechs Junge zur Welt bringen. Würden eine Häsin und ihre sämtlichen Nachkommen fünf Jahre leben, wäre die Familie etwa zweieinhalb Milliarden Mitglieder stark.

Ein wichtiges Regulativ zum Ausgleich für die Fruchtbarkeit von Kaninchen, Prä-

Ein Beispiel geduldigen Langmuts ist der Bison (LINKS). Hier trotzt er im Lamar River Valley in Wyoming einem Blizzard. Das lange, zottelige Fell, das Kopf und Vorderkörper bedeckt, hilft ihm, auch das schlimmste Winterwetter zu überstehen, das die Prärie heimsuchen kann, und erklärt, weshalb der Bison, anders als etwa das Rind, bei Unwetter dem Sturm die Stirn bietet.

Ein einzelner Bison (RECHTS) schaut über den Yellowstone-Nationalpark. Geruchssinn und Gehör sind bei einem Bison zwar ausgezeichnet ausgebildet, doch sieht er schlecht. So kann es vorkommen, daß er eine Gefahr zu spät erkennt.

riehunden und anderen Nagern kommt vom Himmel, wo Greifvögel ihre Kreise ziehen. Die große Vogelfamilie der Adler, Habichte und Falken hat für ihren Kampf ums Überleben ein ausgezeichnetes Sehvermögen entwickelt, das beste, das es in der Tierwelt gibt. Die scharfen Augen eines Adlers beispielsweise stellen sein Gehirn weit in den Schatten und sind größer als die des Menschen. Die Netzhaut von Habicht und Adler ist in zwei unterschiedliche rezeptorische Bereiche unterteilt, die es ihnen ermöglichen, ihre Umgebung mit Teleobjektiv und gleich darauf als Nahaufnahme zu sehen. Diese Greifvögel können ihre Beute nicht nur aus großer Höhe erkennen, sie sehen auch im ultravioletten Bereich; auf diese Weise werden sie durch die Exkremente von Nagern zu ihrer nächsten möglichen Mahlzeit geleitet.

Nicht alle Vögel im Grasland sind Greifvögel. Enten, Gänse und Singvögel brauchen die weiten, offenen Flächen des amerikanischen Westens nicht nur als Futter- und Nistplätze, sondern auch um problemlos zwischen ihren Sommer- und Winterstandorten zu pendeln. Die Hauptflugroute der Wasservögel führt von Mexiko nach Alaska über die weiten Grasflächen westlich des Mississippi. Gut die Hälfte aller Enten Nordamerikas schlüpft aus dem Ei an den fünf Millionen Seen und Tümpeln, die Gletscher vor mehr als 10 000 Jahren in den Ebenen im Norden Zentralamerikas und dem südlichen Kanada ausgehoben haben und die Präriелöcher genannt werden. Eines der spektakulärsten Schauspiele, das man noch heute in der Prärie erleben kann, wird von 500 000 Kanadakranichen auf dem Platte River in Nebraska aufgeführt, wo die Vögel auf ihrer jährlichen Wanderung zwischen Alaska und Mexiko Rast machen.

Eine Bisonkuh (OBEN) *im Yellowstone-Nationalpark in Wyoming stupst ihr neugeborenes Kalb an. In etwa drei Stunden wird das Kleine in der Lage sein, mit der Herde auf ihrer endlosen Suche nach frischem Gras Schritt zu halten. Bei Gefahr treiben die Kühe ihre Kälber in einen schützenden Ring, den die Bullen bilden.*

Eine Bisonherde (RECHTS) *donnert über die Prärie in Montana. Im Unterschied zu den Stieren sind bei den Kühen die Hörner nach vorn gerichtet. Auch wenn sie sich in der Regel eher gemächlich fortbewegen, können Bisons kurzzeitig eine Geschwindigkeit von 50 Stundenkilometern erreichen.*

Ein Stier (OBEN) *nimmt ein Bad im Staub. Oft ist dies ein Ritual, das in der Brunftzeit einem Kampf vorausgeht. Der Bison pulverisiert die Erde mit seinen Hörnern, wälzt sich mit seinem zotteligen Fell im Staub, scharrt mit den Hufen im Boden, brüllt – und greift schließlich an.*

Ein Wanderfalke (OBEN), einer der größten und schnellsten Falken, sucht den Himmel über der Chesapeake Bay in Virginia nach möglicher Beute ab. Mit seinen scharfen Augen, die größer sind als die des Menschen, kann ein Falke aus einer Höhe von 300 Metern eine Maus erkennen.

Ein Schwarm Kanadagänse (RECHTS) hat sich vor einem Sumpfzypressenwäldchen in South Carolina versammelt. Diese in Amerika am weitesten verbreitete Wildgans hat sich auch auf städtischen Wasserwegen angesiedelt, nachdem ihre Brutplätze in der Wildnis zerstört worden waren.

Eine Hirschmaus (OBEN) schaut sich von einem Zweig aus neugierig die Umgebung an. Die am weitesten verbreitete Art unter den nordamerikanischen Nagern findet man von Alaska bis Mexiko. Ein Weibchen kann bis zu 32 Junge pro Jahr werfen.

Dieser Rotschulterstärling (OBEN) erhebt im Riedgras – hier in der San Francisco Bay – seinen quietschenden Gesang. Hordenvögel, die auf dem gesamten nordamerikanischen Kontinent Marsch- und Sumpfland bewohnen, gehören zu den dort am stärksten vertretenen Vogelarten.

Junge Kanadagänschen (RECHTS) kuscheln sich an ihre Mutter. Kanadagänse haben ihr Leben lang denselben Partner, und beide Elterntiere beteiligen sich aktiv an der Aufzucht der Jungen.

Der Fasan (OBEN) *– dieser hier wurde in Missouri aufgenommen – wurde bereits zur Zeit der Pharaonen und der alten Griechen als Schmuckvogel gezüchtet. Der Hahn hält sich, anders als bei den Gänsen, einen Harem und kümmert sich nicht um seinen Nachwuchs.*

Ein Kojote (OBEN) in North Dakota folgt seiner Nase und gräbt in einer Schneewehe auf der Suche nach einer Mahlzeit. Dank seiner Fähigkeit, überall leben und alles fressen zu können, hat sich die Kojotenpopulation seit der Besiedelung des nordamerikanischen Kontinents durch Europäer vergrößert.

Dieser Kojote (OBEN) im Yellowstone-Nationalpark hat im Schnee eine Feldmaus entdeckt und stürzt sich nun auf sein Mittagessen. Obwohl der Kojote in dem Ruf steht, Haustiere zu reißen, ernährt er sich zu 90 Prozent von kleinen Nagern wie diesem hier.

Der Kojote hat bei seinen Jagdausflügen so selten Glück, daß ein Erfolg gefeiert werden muß. Er nimmt sich einen Moment Zeit, um mit seiner Beute zu spielen (RECHTS), bevor er sich auf die Suche nach dem nächsten Bissen macht.

Ein Dachs (OBEN) lugt aus seinem Bau in North Dakota. Dieser begabte Tunnelbauer wird zuweilen von einem Kojoten in die Dienste genommen, der ihn zum Bau eines Nagetiers führt, Wache schiebt, während der Dachs gräbt, und dann die Beute mit ihm teilt.

Ein Kalifornischer Eselhase (RECHTS) sucht seine Wiese im nördlichen Kalifornien nach möglichen Gefahren ab. Die Eselhasen gehören zu den echten Hasen. Ihren Namen haben sie von den extrem großen, venendurchzogenen Ohren, über die sie ihre Körperwärme abgeben.

Ein Präriehund schaut aus seinem Bau (OBEN). Ein Warnruf hat offensichtlich sämtliche Bewohner dieser Präriehundestadt in Badlands in South Dakota unter die Erde huschen lassen. Sobald der Wachposten Entwarnung gibt, kommen sie wieder zum Vorschein.

VIERTES KAPITEL

AM RAND DES OZEANS

Dieser Buckelwal (LINKS) im Südosten von Alaska vollführt einen gewaltigen Sprung mit viel Getöse – wahrscheinlich für eine mögliche Gefährtin. Neben solchen Soloauftritten gehören zu den Brunftritualen der Wale zärtliches Kneifen, das Tätscheln mit den Flossen und eine schwerfällige Umarmung während der Begattung.

AN DER SCHNITTSTELLE zwischen Land und Wasser, am Rand der Ozeane, aus denen alles Leben hervorging, stehen wir vor dem Geheimnis der größten Anpassung überhaupt. Hier, angesichts des endlosen Rhythmus der Wellen, können wir die Melodie des Universums vernehmen, die Fische auf irgendeine Weise dazu brachte, sich auf dem Land fortzubewegen und Luft zu atmen. Es gibt aber auch Tiere, die diese schwierigste aller Verwandlungen – die vom Wassertier zum Landtier – durchmachten, dann ihre Meinung änderten und wieder ins Meer zurückkehrten.

All die unterschiedlichen Tierarten bewegten sich in eine Richtung – aus dem Wasser heraus –, doch einige von ihnen machten wieder kehrt. Es waren rinderartige Weidetiere darunter, elefantenartige Pflanzenfresser und auch Fleischfresser. Sie hatten Lungen ausgebildet, um Luft zu atmen, Beine und Füße, um damit zu gehen, ein Fell, das sie warm hielt – und dann verzichteten sie auf das alles, gaben ihre Ausrüstung zur Landratte zurück und lebten wieder wie zuvor. Heute würde man Wale, Manatis, Seehunde, Seelöwen und Walrosse als Traditionalisten bezeichnen.

Der Wal stammt von rinderartigen Vorfahren ab, die sich auf dem Land fortbewegten und Gras fraßen. So wie sich der menschliche Fötus auf seinen Ursprung im Wasser besinnt und in einem bestimmten Entwicklungsstadium Kiemen ausbildet, so erinnert sich der Walfötus mit struppigem Haar, rudimentären Hüftknochen und Hinterbeinstümpfen an seine Vergangenheit als Weidetier. Schaut man sich die Vorderflossen eines Wals auf einer Rönt-

Stellers Seelöwen (LINKS), die größten Ohrenrobben, kontrollieren eine winzige Felseninsel in Alaska. Fischer machen keinen Hehl aus ihrem Haß auf diese eine Tonne schweren Kolosse, da sie sich an den beliebtesten Fischsorten gütlich tun und oft auch Netze zerstören.

Ein Seestern (RECHTS) hält sich mit Hunderten von Saugfüßchen an einem Felsen auf Vancouver Island in British Columbia fest. Mit diesen Füßchen erspürt und ergreift er auch seine Beute. Jeden Tag vertilgt er das Dreifache seines eigenen Körpergewichts.

genaufnahme an, erkennt man einen Knochenaufbau, der nicht dem einer Flosse entspricht, sondern typisch für Gliedmaßen mit Gelenken und Zehen ist. In jeder anderen Hinsicht hat sich dieses Tier jedoch ausgesprochen gut an seine feuchte Umgebung angepaßt. Seine Torpedoform läßt es im Wasser leicht vorankommen. Seine gewaltige Größe und die 60 Zentimeter dicke Speckschicht helfen, die Körperwärme zu erhalten. Die Zahnwale, die sich von Fischen ernähren, haben ein hervorragendes System zur Echoortung mit Tonfrequenzen von 256 000 Hertz entwickelt (das menschliche Ohr nimmt nur Frequenzen bis 20 000 Hertz wahr). Damit orten sie Eßbares, orientieren sich am Meeresboden und kommunizieren mit gespenstisch schrillen Liedern über Hunderte von Meilen miteinander.

Ein Bartenwal schluckt Tonnen von Seewasser mit etwa fünf Zentimeter großen Kleinkrebsen, die als Krill bezeichnet werden. Dann schließt er mit der Zunge die Barten – senkrecht stehende Hornplatten als Ersatz für Zähne. Die geschlossenen Barten funktionieren wie ein Filter: Der Krill kann geschluckt, das Meerwasser ausgespieen werden. Der Blauwal, das mit seinen bis zu 30 Metern Länge und 200 Tonnen Gewicht größte Tier, das je gelebt hat, behält seine gute Figur, indem er pro Tag etwa sieben Tonnen Krill aufnimmt. Blauwalsäuglinge nehmen in den ersten sieben Monaten gut sieben Pfund pro Stunde zu.

Wie die Wale lebten auch die Seehunde einmal auf dem Land. Die ehemaligen Fleischfresser haben mittlerweile ihren Jagdtrieb auf Fische verlegt. Augenscheinlich entwickelten sich die Ohrenrobben (Seebären und Seelöwen) zuerst. Seehunde, wie der Gemeine Seehund, die Sattelrobbe und die Kegelrobbe, bei denen die Ohrmuschel gänzlich fehlt, folgten erst später. Die Ohrenrobben besitzen immer noch eine wichtige Fähigkeit der Landratten: Sie

Ein Seehundweibchen (LINKS) bewacht sein Junges in einer eisigen Höhle im Frederick Sound bei Petersburg, Alaska. Auf dem Land oder auf Eis sehen diese Robben verloren aus, aber in ihrem Element, dem Wasser, werden sie zu Windhunden.

Zwei Manatis (RECHTS) trudeln auf der Suche nach Seetang bei Crystal Springs in Florida durch seichtes Wasser. Ihre Vorliebe für flache Gewässer und das Unvermögen, sich schnell zu bewegen, lassen diese auch als Rundschwanzseekühe bezeichneten Tiere häufig zu Opfern bei Zusammenstößen mit Booten werden.

können ihre Hintergliedmaßen nach vorn drehen und schaffen es auf diese Weise, quasi vorwärtszugehen, während sich Seehunde auf dem Land wie übergewichtige Raupenfahrzeuge voranschleppen. Seehunde sind dafür besser an das Element Wasser angepaßt. Die geschickten Taucher dringen in Tiefen bis zu 550 Meter vor und können fast eine Stunde lang unter Wasser bleiben.

Ein entfernter Verwandter des Wals, der Manati, mag da vielleicht bei dem immerwährenden Wettlauf zwischen wechselnden Umweltbedingungen und der Anpassung an diese Wechsel, die die Natur den wildlebenden Tieren aufzwingt, hinterherhinken. Wohl wegen seiner friedlichen Weidegewohnheiten auch Seekuh genannt, ist der Manati mit seiner langen, beweglichen Nase mit dem Elefanten näher verwandt. Da der Manati relativ klein ist – er erreicht nur selten ein Gewicht von 450 Kilogramm –, hält er es im kalten Wasser nicht lange aus und bleibt deshalb die meiste Zeit des Jahres vor der Küste Floridas.

Das Problem des Manatis liegt in seiner Langsamkeit. Mit ihrem langsamen Stoffwechsel und Herzschlag bewegen sich Manatis im seichten Wasser mit sechs bis sieben Stundenkilometern, weiden anscheinend gedankenverloren Wasserpflanzen ab und machen häufig ein Nickerchen. Die Fortpflanzung geht ebenso gemächlich vor sich. Die Weibchen sind erst mit acht Jahren geschlechtsreif, der Fötus bleibt über ein Jahr lang im Mutterleib, und das Kalb wird nach der Geburt noch mindestens zwei Jahre gesäugt. Der Manati hat zwar weltweit keinen natürlichen Feind, da er aber so langsam ist, werden vor allem Rennboote zur tödlichen Gefahr für die Tiere, die sich vorwiegend im seichten Wasser aufhalten. Gern versammeln sie sich um die Abflußrohre von Kraftwerken. Das künstlich erwärmte

Neugeborene Loggerheads (LINKS), Klotzköpfe, wie der amerikanische Volksname der Unechten Karettschildkröte lautet, auf dem Weg zu ihrem Zuhause im Wasser an der Grenze zwischen dem Back Bay National Wildlife Refuge und dem False Cape State Park. Loggerheads stellen die größte Gruppe der nordamerikanischen Meeresschildkröten. Sie können bis zu 1,80 Meter lang werden und fast 150 Kilogramm wiegen.

Hornlunde (RECHTS) diskutieren in einer Brutkolonie auf Round Island, einer zu den Walrus Islands gehörenden Insel Alaskas, die Paarungsaussichten in diesem Frühjahr. Ansonsten sieht man sie fast das ganze Jahr über allein oder zu zweit beim Fischen, und das Hunderte von Meilen vor der Küste.

Wasser zieht sie zu den am dichtesten besiedelten Regionen, wo besonders viele Boote fahren. Da die Verletzungen der Manatis immer schwer sind, können die Forscher sie daran identifizieren und ihren Weg verfolgen. Eine Hoffnung gibt es für die Schützer dieser Tiere: Daß die Manatis ihrer möglichen Ausrottung auf dieselbe Art und Weise entgegengehen, wie sie alles tun – sehr langsam.

Auch eines der zähesten Lebewesen der Erde bewohnt das Grenzgebiet zwischen Land und Wasser. Allesfresser ist genau der richtige Ausdruck für den Alligator. Forscher der Florida Game Commission, die den Mageninhalt von Alligatoren untersuchten, fanden alles, von Bierdosen bis hin zu einem Hundehalsband. Die meisten Alligatoren sind trotz ihrer gepanzerten Haut und einem Biß von gut 800 N/cm^2 ausgesprochen scheu und verstecken sich beim geringsten Anlaß. Aktuelle und sorgfältige Bestandsaufnahmen zeigen, daß die Alligatorenbestände nie gefährdet waren.

Im Gegensatz zu den auf Sicherheit bedachten Alligatoren sind die Delphine die geselligsten unter den küstennahen Meeresbewohnern. Häufig begleiten sie Schiffe. Die verspielten Meeressäuger springen aus dem Wasser, um zu atmen, und bleiben durchschnittlich 22 Sekunden unter Wasser, obwohl sie auf der Suche nach Nahrung bis zu 250 Meter tief tauchen können. Delphine leben in Gruppenverbänden und arbeiten im Team. Gemeinsam treiben sie Fischschwärme ins seichte Wasser, wo sie die Fische dann bequem verspeisen können. Auch dem Menschen gegenüber verhalten sich Delphine überaus sozial. Offenbar betrachten sie ihn als lustigen Spielkameraden. Es ist, als wollten sie ihn einladen, es den Walen gleichzutun, sein Landrattendasein aufzugeben und ins Meer zurückzukehren.

Eine Kolonie Schneegänse (LINKS) *macht im flachen Wasser der Delaware Bay Rast. Die Bay liegt zwischen ihren sommerlichen Brutplätzen in der arktischen Tundra und dem Winterlager beim Golf von Mexiko. Die Gössel müssen für die große Wanderung nach Süden schon im Alter von einem Monat bereit sein.*

Ein Seeotter (RECHTS) *in der kalifornischen Monterey Bay hat eine Königskrabbe erwischt und freut sich nun auf das Festmahl. Otter tauchen über 50 Meter tief nach Nahrung, bringen sie an die Wasseroberfläche, legen sich auf den Rücken und lassen es sich schmecken. Gelegentlich benutzen sie einen Felsen als Amboß, auf dem sie Schalentiere aufbrechen.*

Eine Herde Walrosse (LINKS) *taucht an der Nordwestküste Alaskas aus dem Beringmeer auf, nachdem die Tiere den Meeresboden nach Muscheln, ihrer Lieblingsmahlzeit, abgesucht haben. Sie können 90 Meter tief tauchen und bis zu zehn Minuten unter Wasser bleiben. Die Muscheln am Meeresboden lösen sie nicht mit ihren Hauern, sondern mit den borstigen Lippen und saugen dann das Fleisch heraus.*

Wenn sie sich von der Sonne bescheinen lassen und sich auch noch gegenseitig wärmen können, nehmen Walrosse (RECHTS) *langsam wieder ihre charakteristische rosarote Färbung an. Während ihrer langen Tauchgänge im eiskalten Wasser auf der Suche nach Muscheln fließt das Blut aus der Haut, um lebenswichtige Organe warm zu halten. Die borkige Haut verfärbt sich dann zu einem unschönen Grau.*

Ein Nördlicher Seebär (OBEN) versucht sich seinen Harem zusammenzubellen. Jedes Frühjahr wandern die Bullen zu den im hohen Norden liegenden Brutplätzen – in der Hauptsache die Pribiloff Islands in Alaska –, stecken ihr Revier ab und paaren sich mit bis zu 50 Weibchen.

Zwei See-Elefanten (RECHTS) kämpfen im kalifornischen Año Nuevo geräuschvoll und oft auch blutig um das Vorrecht, ihr Territorium abzustecken. Doch so grausam die Streitereien zwischen den weit über zwei Tonnen schweren Bullen auch aussehen mögen, gewöhnlich sind sie nach einer Minute vorbei, ohne daß viel Schaden angerichtet worden wäre.

Die Sonne bescheint Delphine (LINKS), die zu den schnellsten Bewohnern der Meere gehören. Auch über längere Strecken bringen sie es auf Geschwindigkeiten von über 30 Stundenkilometern. Über ihre Umgebung und ihre Beute informieren sie sich durch Echopeilung, wobei ihnen der Hautwulst an der Stirn als Resonanzkörper dient und die Schädelknochen ihre schnellen Schnalzlaute reflektieren.

Der Schwertwal (OBEN) gehört zu den wenigen Meeressäugern, die einen Delphin, einen Seelöwen, einen Seehund oder andere Wale fangen, töten und auffressen können. Dieser Raubwal erreicht gewaltige Ausmaße von über neun Metern Länge und kann zehn Tonnen wiegen. Der hier abgebildete Schwertwal oder Orca spielt zwischen den San Juan Islands in Washington.

Ein Buckelwal taucht im Südosten vor Alaska ab (OBEN), auf der Suche nach einer Mahlzeit aus Krill oder einem Schwarm kleiner Fische. Die freundlichen und nicht eben schnellen Buckelwale sind bekannt für ihre unheimlichen Gesänge, die sie den ganzen Winter über in ihrem nassen Reich ertönen lassen.

Buckelwale im Frederick Sound (RECHTS) zeigen ihr typisches Knollengesicht, das gewöhnlich auch noch mit Rankenfußkrebsen geschmückt ist. Buckelwale treiben gelegentlich kleine Fische mit einem Netz aus Luftbläschen zusammen, um dann den ganzen Schwarm auf einmal verschlukken zu können.

Ein Weißwal oder Beluga (OBEN) stößt einen Wasserstrahl aus und zeigt dabei sein charakteristisches Lächeln und Nicken, eine Fähigkeit, die die meisten anderen Wale nicht beherrschen. Der Weißwal lebt ausschließlich im oder in der Nähe des Arktischen Ozeans und ist neben dem Narwal der einzige Wal, der sich im eisigen Wasser des Nordens, wie hier an der Mündung des Churchill River in Manitoba in Kanada, fortpflanzen kann und es auch tut.

Vor Energie sprühende Große Tümmler (RECHTS) grüßen die Sonne. Delphine sind ausgesprochen gesellige Tiere, die einen Großteil des Tages damit zubringen, gemeinsam zu spielen. Sie schwimmen leidenschaftlich gern mit Schiffen um die Wette und untersuchen jedes interessant erscheinende Objekt.

Fünftes Kapitel

Süsswasser-Welten

Drei Flamingos (LINKS) nehmen mit ihren Stelzenbeinen Anlauf, um sich in die Luft schwingen zu können. Obgleich sie in Florida häufige Besucher sind, brüten Flamingos nicht in Nordamerika. Sie ziehen es vor, ihre Jungen im wärmeren Klima der Karibik oder Südamerikas großzuziehen.

Als Bestandteile des großen Süßwasserkreislaufs, der als Rinnsal hoch oben in den Bergen beginnt und als reißender Strom endet, ein Strom, der sich in gewaltigen Gezeitenkämpfen mit dem Meer selbst anlegt, stellen Flüsse und Seen ganz spezifische Herausforderungen dar. Sie sind aber auch ein Geschenk für diejenigen Tiere, die in ihnen leben. Darüber hinaus sind sie tausendfältig mit unserem eigenen Leben verknüpft und machen uns zu aktiven Partnern der Wildtiere, deren Existenz, genau wie unsere, vom Süßwasser abhängt.

»Ein Wildbach ist mehr als Wasser, das im Kanal fließt«, schrieb Laurence Pringle über fließende Gewässer. »Sein Einfluß reicht viel weiter, hin zum Elch, der den Sommer im Gebirge verbringt, zu Gänsen, die in die Arktis fliegen, und zu den Lachsen in den Meeren.« Ein Beispiel für das sinnreiche Zusammenspiel von Flüssen und ihrer Umgebung zeigt sich im Frühling, wenn die Blätter der Laubbäume an den Flußufern wieder sprießen. Da die Bäume mit ihren Wurzeln plötzlich Tonnen von Wasser aus dem Erdreich ziehen und über die Blätter wieder an die Luft abgeben, sinkt der Wasserspiegel in den Flüssen jäh ab. Im Sommer aber bewahren eben diese Blätter, indem sie dem Fluß Schatten spenden, das Wasser davor, sich zu stark zu überhitzen. Wenn die Blätter im Herbst fallen, versorgen diejenigen, die im Wasser landen, die Lebewesen im Fluß mit ihren Nährstoffen.

Das unterste Glied in der Nahrungskette des Flusses bilden wie im Wald Zehntausende von Insekten. Viele davon leben im Flußbett in stehendem Wasser, auch wenn das

Ein Elchbulle (LINKS) ruht sich im Denali-Nationalpark im Schnee aus. Elche sind die größten Vertreter der Familie der Hirsche und ausgesprochene Einzelgänger. Beim Durchqueren von dichtem Unterholz legt der Elch sein gewaltiges Schaufelgeweih seitlich an die Schultern und trabt, die Schnauze hoch erhoben in die Luft, in vollem Lauf durch die Engpässe vorwärts.

Zwei Bullen, ebenfalls im Denali-Nationalpark, Alaska, kämpfen um eine Elchkuh (RECHTS). Solche Schaukämpfe sehen zwar entsetzlich aus, enden jedoch nur selten mit Verletzungen. Außerdem ist es meist ohnehin das Weibchen, das sich seinen Partner aussucht und ihn durch eine Reihe von Liebesrufen wissen läßt, daß er der Auserwählte ist.

paradox klingt. Reibung behindert den Fluß des Wassers wie jedes Hindernis, und während dies auf der Wasseroberfläche kaum Auswirkungen hat, wird der Effekt mit zunehmender Tiefe immer größer und ist direkt am Boden so stark, daß ein dünner Wasserfilm von nur wenigen Molekülen Stärke gänzlich stillsteht. In dieser Grenzzone halten sich die Larven von Steinfliegen und Eintagsfliegen auf, deren Körper durch natürliche Selektion so flach geworden sind, daß sie dem über ihnen dahinfließenden Wasser kaum noch Widerstand bieten.

Das Leben im Fluß paßt sich auf tausenderlei Arten dem bestimmenden Faktor des ständig fließenden Wassers an. Die Kaulquappe des Schwanzfroschs beispielsweise kommt mit einem vergleichsweise langen Saugrüssel zur Welt, mit dem sie sich selbst bei starker Strömung unter Wasser an Steinen festhalten kann. Seinen Namen hat der Schwanzfrosch von einer Adaptation, die nur wie ein Schwanz aussieht, in Wirklichkeit aber ein Fortpflanzungsorgan ist, mit dem er Eier in schnell fließendem Wasser befruchten kann. Frösche begatten sich nicht, auch wenn es manchmal so aussieht. Das Männchen überzieht die Eier mit seinem Sperma in dem Moment, in dem das Weibchen sie ablegt.

Andere Organismen haben Haken, Greifer, Saugnäpfe und -scheiben ausgebildet, um nicht fortgeschwemmt zu werden. Die Larve der Köcherfliege wird schon als Baumeister geboren. Sie beginnt sofort mit der Herstellung einer Hülle, durch die sich ihr Gewicht erhöht und die ihr als Versteck dient; dazu verwendet sie alles, was an Baumaterial gerade zur Verfügung steht: Sandkörnchen, Muschel- oder Zweigstückchen. Zusammengehalten wird ihr Köcher mit klebrigen Sekretfäden, die sie aus einer Pore neben dem Mund absondert.

Mit welchem Einfallsreichtum sich Lebewesen an unterschiedliche Bedingungen an-

Kanadakraniche (LINKS) versammeln sich während ihrer jährlichen Wanderung auf dem Platte River in Nebraska. Dieser hochbeinige Prärievogel mit dem langen Hals tötet mit seinem kräftigen Schnabel Schlangen, Frösche und andere kleine Tiere.

Ein Mississippi-Alligator (RECHTS) wartet im Flachwasser in der Nähe des Okeechobee-Sees in Florida auf ein unvorsichtiges Tier, das hier seinen Durst löschen will. Säugetiere von der Größe eines Waschbärs verschlingt er mit einem Bissen. Größere Beutetiere werden ins tiefe Wasser gezogen, ertränkt und dann gefressen.

passen, wird bei bestimmten Algenarten deutlich, die sich in verschiedene, die Fließgeschwindigkeiten des Flusses widerspiegelnde Lagen anordnen. Diese Lagen, die man auf größeren Steinen erkennen kann, passen sich Veränderungen in der Bewegung des Wassers an.

Manche Fische brauchen nur auf ihre Nahrung zu warten. Eine Forelle in strategisch günstiger Position entgegen der Fließrichtung öffnet lediglich das Maul, um satt zu werden. Der Forellenbarsch aber zählt zu den aggressivsten Jägern in der Natur. Er verspeist Schlangen, Frösche, kleine Enten, Bisamratten und alles, was sonst noch in sein Maul paßt.

Tiere, deren Element die Luft ist oder die auf dem Land zu Hause sind, passen sich auf faszinierende Art und Weise den Möglichkeiten an, die Flüsse und Seen bieten. Ein Adler schnappt sich einen Lachs auf dessen schneller Laichwanderung, ohne sich auch nur die Federn naß zu machen. Allerdings ist es auch schon vorgekommen, daß er seine Beute unter- und sich selbst überschätzte und von einem Fisch, der zu schwer für ihn war, unter Wasser gezogen wurde und ertrank. Die Wasseramsel, ein grauer Vogel von der Größe eines Rotkehlchens, verbringt die meiste Zeit unter Wasser. Sie fliegt genauso wie in der Luft zum Grund des Flusses, stolziert dort herum und frißt die Larven der Köcherfliege.

Eines der Säugetiere, die besonders häufig in Flüssen anzutreffen sind, über die es jedoch kaum Studien gibt, ist die Wasserspitzmaus. Mit ihrem extrem hohen Stoffwechsel – sie hat einen Puls von fast 800 Schlägen in der Minute – ist sie ständig auf der Suche nach Nahrung: Mit Hilfe von Schwimmhaaren an den Hinterbeinen und einem Borstensaum am Schwanz taucht sie auf den Grund der Flüsse. Luftbläschen, die sich in den feinen Haaren

Nachdem sie in Süßwasserflüssen ihre Geschlechtsreife erlangt haben, begeben sich Amerikanische Aale (OBEN) auf eine einjährige Wanderung von Solomon's Island in Maryland zur Sargassosee zwischen den Bermudas und Puerto Rico, wo sie in einer Tiefe von etwa 600 Metern laichen. Die älteren Aale sterben danach, und die jungen ziehen mit dem Golfstrom zurück in ihre heimatlichen Flüsse.

Ein Wasserpfeifer, dessen vogelähnlicher Ruf oft das erste Anzeichen des Frühlings ist, klammert sich in Virginia an ein Hartriegelgewächs (RECHTS). Sollte es wieder kalt werden, produziert die Leber des Froschs eine Art Frostschutzmittel, das die lebenswichtigen Organe schützt und sein Überleben sichert, selbst wenn 65 Prozent seiner Körperflüssigkeit gefrieren.

Eine Langhals-Schmuckschildkröte (GANZ RECHTS) betrachtet aus ihrem mobilen Haus heraus die Umgebung am Lake Black Shear in Georgia. Beim Angriff auf ein Beutetier kann diese 15 Zentimeter große Schildkröte ihren Hals sage und schreibe 10 Zentimeter weit vorrecken.

ihres Fells fangen, lassen sie silbrig schimmern und geben ihr einen solchen Auftrieb, daß sie sich am Grund festklammern muß, während sie Insekten und Kaulquappen ausgräbt.

Der Biber ist der bekannteste und vielleicht auch der am besten angepaßte Flußbewohner. Solange es am Ufer genug zu fressen gibt und der Wasserspiegel gleichbleibend hoch ist, damit der unter Wasser liegende Baueingang nicht zum Vorschein kommt, lebt er glücklich und zufrieden in seiner Wohnung, die er sich in die Uferböschung gegraben hat. Trifft eine dieser beiden Voraussetzungen jedoch nicht mehr zu, zieht er weiter und baut einen Damm zur eigenen Sicherheit. Obwohl der Biber bekannt dafür ist, daß er Baumrinde und Äste frißt, zieht er zartere Kost vor, etwa Pilze, Seerosen und die Schößlinge des Rohrkolbens. An Holz und Rinde geht er nur gezwungenermaßen, gewöhnlich im Winter. Im Herbst nagt er junge Bäume ab und steckt sie in der Nähe seines Baueingangs in den Grund, so daß er auch in der kalten Jahreszeit, wenn die Wasseroberfläche vereist ist, nicht hungern muß.

Die sich in ständiger Bewegung und Veränderung befindlichen Flüsse sind langlebiger als Seen. Die meisten Flüsse folgen ihrem Lauf mehr oder weniger gleichförmig seit Urzeiten, während ein See gewöhnlich nur wenige 10 000 Jahre besteht, da er sich mit der Zeit mit Ablagerungen und Pflanzenwuchs füllt. Das Leben im Fluß hat ein schnelleres Tempo – der Stoffwechsel ist höher, es stehen mehr Sauerstoff und Nährstoffe zur Verfügung. Seen sind ein Beispiel dafür, wie Arten, die eigentlich miteinander konkurrieren, sich oft in friedlicher Koexistenz arrangieren. Drei verschiedene Elritzenarten im Long Lake in Minnesota beispielsweise wurden zwar oft zusammen gesehen und hatten weitgehend denselben Speiseplan, ihre Freßzeiten und -plätze unterschieden sich jedoch voneinander.

Ein Rosalöffler (OBEN), *der seinen Namen nach der rosaroten Färbung und dem abgeflachten Schnabel erhalten hat, lauert im flachen Wasser der nordamerikanischen Golfküste auf Krabben und Fische. Dieser Rosalöffler wurde in den Everglades gesehen. Vorsichtig wagt sich der Vogel in bis zu 45 Zentimeter tiefes Wasser. Dabei fängt er seine Beute, indem er den halbgeöffneten Schnabel von einer Seite zur anderen schwenkt.*

Ein Fischadler (OBEN) *ruht sich auf einer Sumpfzypresse in South Carolina von der Jagd aus. Der Fischadler ist bekannt für seine großen, aus Zweigen zusammengefügten Nester. Er hat lange Krallen, mit denen er die Fische, nach denen er mit den Fängen voran taucht, packen und festhalten kann.*

Ein Biber (RECHTS) *transportiert Äste durch den Denali-Nationalpark. Vielleicht braucht er sie, um einen Damm zu reparieren, für seinen Bau oder als Vorrat für den Winter. Die Lippen des Bibers schließen sich hinter den Vorderzähnen, und die Zunge verschließt den Rachen, so daß der Ingenieur des Tierreichs selbst unter Wasser am Holz nagen kann.*

Ein Amerikanischer Graureiher in Florida (LINKS) bringt seiner Gefährtin einen Ast, damit sie das Nest auf dem Baumwipfel erweitern kann. Später werden beide drei bis sieben Eier ausbrüten, sich gemeinsam um ihre Jungen kümmern und sie mit vorverdauter, hochgewürgter Nahrung aus dem Schlund füttern.

Ein Amerikanischer Schlangenhalsvogel (RECHTS) in einem Naturschutzgebiet in Florida breitet die Flügel aus, um sie in der Sonne trocknen zu lassen. Da Schlangenhalsvögel kein wasserabweisendes Öl für das Gefieder bilden, müssen sie ihre Federn auf diese Weise trocknen. Sie sind bekannt für ihre Geschicklichkeit bei der Nahrungsbeschaffung: Fische werden mit dem Schnabel aufgespießt, in die Luft geschleudert und dann wieder so aufgefangen, daß sie den Schlund praktisch von alleine hinunterrutschen.

Zwei Bisamratten (OBEN) *im Banff-Nationalpark in Alberta knabbern an ihrer Mahlzeit aus Wurzeln und Stengeln, die sie sich unter Wasser – sie können bis zu 15 Minuten unten bleiben – besorgt haben. Die Bisamratte ist weder mit den Bibern noch mit den Ratten verwandt, sondern ähnelt eher einer großen, am Wasser lebenden Feldmaus.*

Ein Fischotter (RECHTS) *prüft bei West Thumb im Yellowstone-Nationalpark, was der Wind bringt. Dieses hübsche Mitglied der Wieselfamilie fühlt sich im Wasser am wohlsten. Es schwimmt ausgesprochen schnell mit schlangenähnlichen Bewegungen, wobei der kräftige Schwanz als Ruder und zur Steuerung dient.*

Ein Mink-Weibchen, auch Amerikanischer Nerz genannt, kuschelt mit seinen Jungen (OBEN) *in einem Bau am Ufer des Gallatin River bei Bozeman in Montana. Der Bau gehörte wahrscheinlich einer Bisamratte, die kurzerhand enteignet wurde. Im Gegensatz zum Otter ist der Nerz ein Einzelgänger, der nicht die Gesellschaft mit seinesgleichen sucht.*

Der Braunpelikan (OBEN) in Florida, der hier so zufrieden dreinschaut, hat ziemlich dramatische Jagdmethoden. Er treibt Fische zusammen, indem er mit den Flügeln aufs Wasser schlägt, oder er stürzt sich mit einem solchen Getöse auf seine im Wasser schwimmende Beute, daß es eine halbe Meile weit zu hören ist.

Eine Flotille Höckerschwäne (LINKS) gleitet in Traverse City, Michigan, durch stehendes Gewässer. Der reinweiße Höckerschwan stammt aus Eurasien, ist inzwischen jedoch auch in Nordamerika heimisch, wo er in Tierparks und Zoos einen vertrauten Anblick bietet.

Zwei Eistaucher (RECHTS), ein erwachsenes Tier und ein Junges, lassen in der Abenddämmerung ihren gespenstischen Ruf über einem See in Michigan ertönen. Eistaucher bewegen sich im Wasser zwar ausgesprochen elegant, doch beim Gehen an Land haben sie große Probleme, da ihre Beine sehr weit hinten und bis zu den Knöcheln innerhalb des Körpers liegen. Ebenso schwer fällt es ihnen, sich in die Lüfte zu erheben. Dazu müssen sie im Watschelgang auf der Wasseroberfläche einen langen Anlauf nehmen.

SECHSTES KAPITEL

ARKTIS UND WÜSTE

Ein Karibu (LINKS) zieht auf der Suche nach Flechten, seiner Lieblingsspeise, am Fuß des Mount McKinley allein über die Tundra Alaskas. Der spärliche Pflanzenbewuchs hält das Karibu ständig auf Trab, doch irgendwie schafft es das Tier, täglich ungefähr zehn Pfund Flechten, Blätter und Gras zu verspeisen.

In den unwirtlichsten Regionen der Erde, den von der Sonne versengten Wüsten und der ganzjährig gefrorenen Tundra, zeigen Wildtiere ihren ganzen Erfindungsreichtum, um sich anzupassen. Die Tiere haben gelernt, in brütender Hitze mit Hilfe höchst bemerkenswerter Strategien zur Wasserspeicherung zu überleben, und genauso bei Temperaturen unter dem Gefrierpunkt, indem sie Möglichkeiten zur Speicherung der Körperwärme entwickelten.

In der Wüste gibt es nur wenige große und in der Arktis nur wenige kleine Tiere, denn je mehr Masse ein Körper besitzt, desto mehr Wasser benötigt er und desto weniger Körperwärme geht verloren. Daher entwickeln sich in trockenen und arktischen Regionen optimal angepaßte Varianten sogar ein und derselben Spezies. So unterscheidet sich etwa der Kitfuchs in mehreren entscheidenden Punkten vom Polarfuchs. Der Kitfuchs ist klein und schmal und hat verhältnismäßig große Ohren, die er nicht nur braucht, um seine Beute aufzuspüren, sondern auch um den Wärmehaushalt zu regulieren. Der Polarfuchs dagegen ist klein und gedrungen, hat kurze Läufe und kleine Ohren, damit möglichst wenig Körperwärme verlorengeht. Sein Fell färbt sich im Winter weiß.

Dementsprechend ähnelt der Eisbär dem nah verwandten Braunbären. Augenfälligster Unterschied ist das weiße Fell des Eisbären, dessen einzelne Haare sich unter dem Mikroskop als eine Art transparenter Röhren mit weißem Kern entpuppen. Der weiße Kern reflektiert das sichtbare Licht, doch die wärmenden Infrarotstrahlen können bis zur Haut

Eine Schnee-Eule (LINKS), der größte arktische Vogel, hält hier in den Rocky Mountains von Utah Ausschau nach Lemmingen, seinem bevorzugten Beutetier. In Jahren, in denen es wenig Lemminge gibt, wandert dieser Dämmerungsjäger nach Süden, zuweilen bis in die Karibik, wo er sich dann von anderen Tieren ernährt.

Ein Polar- oder Eisfuchs (RECHTS), hier an der verschneiten Hudson Bay in Kanada, hält möglicherweise Wache vor dem nahegelegenen Höhleneingang. Im Vergleich zu anderen Füchsen sind die Läufe, die Ohren, die Schnauze und der Leib kürzer, um in seiner eisigen Umgebung die Körperwärme besser halten zu können.

durchdringen. Im Gegensatz zum Braunbären hat der Eisbär pelzüberzogene Füße für einen geringen Wärmeverlust und guten Halt auf dem Eis. Die zusätzliche Augenmembran schützt ihn bei Schneestürmen und gegen das gleißende Sonnenlicht. Der Eisbär, der größte Fleischfresser unter den Bären, ist ständig auf der Jagd nach Seehunden, Walrossen, Karibus und Fischen. Mit Wurzeln und Beeren gibt er sich nur im Sommer zufrieden.

Die Anpassungsmechanismen des Karibus an seine eisige Umgebung, sowohl im Hinblick auf sein Verhalten als auch auf seinen Körperbau, unterscheiden es von seinem nahen Verwandten, dem Hirsch, in noch viel stärkerem Maß. Im Gegensatz zum Hirsch, der sich auf relativ kleinem Raum bewegt, legt das Karibu bei seinen Wanderungen von den winterlichen Weideplätzen zu den Sommerquartieren, wo die Jungen zur Welt gebracht werden, weite Strecken zurück – es sind die spektakulärsten Tierwanderungen auf dem nordamerikanischen Kontinent. Jedes Frühjahr bewegt sich die 160 000köpfige Porcupine-Herde, eine der 31 Karibuherden Alaskas, 560 Kilometer weit. Auf ihrem Weg von den Überwinterungsgebieten an der kanadischen Grenze zu den Sommerquartieren an der Küste des Arktischen Ozeans schwimmen die Tiere durch Flüsse mit Eisschollen, überqueren Bergpässe und galoppieren über die offene Tundra.

An den Brutplätzen, wo die Kälber zur Welt kommen, bieten die ersten Frühlingspflanzen den Stickstoff, den säugende Karibukühe benötigen, und arktische Stürme halten ihnen die blutsaugenden Insekten vom Leib, die bei Windstille das geplagte Karibu ins Wasser treiben. Karibus haben ein so dichtes Fell – eine struppige äußere Lage hohler Deckhaare, die isolieren und beim Schwimmen für zusätzlichen Auftrieb sorgen, über einer

Die traurig dreinschauende kleine Sattelrobbe (LINKS OBEN) in Rocky Harbour in Neufundland mag Grund für ihren mitleiderregenden Blick haben. Bereits zwei Wochen nach der Geburt werden die Kleinen von ihrer Mutter verlassen. Ein Weißschwanz-Schneehuhn (LINKS UNTEN) wechselt wie die meisten Tiere des hohen Nordens mit den Jahreszeiten die Farbe. Im Winter ist sein Gefieder reinweiß, im Sommer braun gesprenkelt.

Wie Touristen in Florida genießt dieses Rudel Schneehasen (RECHTS) den kurzen nordischen Sommer auf Ellesmere Island in Kanada. Auch wenn die Hasen ausgezeichnet auf die Arktis eingerichtet sind – sie haben einen gedrungenen Körper mit dichtem Fell, kleine Ohren, damit keine Wärme verlorengeht, und große, pelzbedeckte Füße, um sich auf Schnee optimal fortbewegen zu können –, scheinen sie die gemeinsame Sommerpause zu genießen.

dichten Schicht mit feinem Haar –, daß im Frühjahr zur Zeit des Haarwechsels ganze Berge davon herumliegen und Schwaden herumfliegen.

In der Wüste, wo Wasser Mangelware ist, haben viele Tiere gelernt, ohne das kostbare Naß auszukommen. Die Känguruhratte beispielsweise hat eine Niere, die dem Urin praktisch jeden Tropfen Wasser entziehen kann, und in den Nasenlöchern einen Wärmeaustauscher, der den Feuchtigkeitsverlust auf ein Minimum reduziert. Sie braucht kein Wasser zu trinken, da alle Feuchtigkeit, die sie benötigt, in den Samen enthalten ist, die sie frißt.

Ein außergewöhnliches Beispiel für das Herunterfahren des Stoffwechsels als Antwort auf ein allzu dürftiges Angebot an lebenswichtiger Nahrung ist die Schaufelfußkröte aus der Sonoran-Wüste in Arizona. Die ausgewachsenen Kröten graben sich tief ins Erdreich ein und halten dort während der trockensten Zeit des Jahres mindestens neun Monate lang eine Art Winterschlaf. Die einzige Chance auf die lebenswichtige Feuchtigkeit und Insekten als Nahrung bieten Unwetter, die im Hochsommer auftreten. Naht diese Zeit, kriechen die Kröten an die Erdoberfläche. Prasseln die ersten Regentropfen auf den Boden, beginnt ihr kurzer Aufenthalt über der Erde. Die Männchen tauchen auf und rufen nachdrücklich quakend nach den Weibchen, und innerhalb weniger Stunden Regen befruchtet jedes 1 000 Eier. In nicht mehr als neun Tagen wird aus dem befruchteten Ei über das Kaulquappenstadium eine Kröte. Nun müssen soviele Energiereserven wie möglich angelegt werden, um die lange Fastenzeit zu überstehen. Dann graben sich alle wieder ein und warten auf den nächsten Regen.

Wüstentiere müssen sich darauf einstellen, daß ihre Nahrung nur periodisch vorhanden und von schlechter Qualität ist – hart und voller Dornen. Sie brauchen entsprechende

Moschusochsen auf Nunivak Island in Alaska bilden einen Verteidigungsring (LINKS) um die Kälber. Diese Taktik funktioniert zwar bei natürlichen Feinden wie Wölfen, ist aber gewiß die falsche, wenn der Mensch sie mit Gewehren bedroht. Moschusochsen brauchen nur ein Sechstel der Futtermenge, die Hausrinder fressen.

Ein Moschusochse (RECHTS) schaut scheinbar bekümmert in die Zukunft, obwohl seine Art geschützt ist und er nicht mehr wegen seines Fells bejagt werden darf. Unter dem rauhen, 60 Zentimeter langen Deckhaar ist die Unterwolle des Moschusochsen dicht sowie leicht und feiner als Kaschmir.

Verdauungsorgane und die Fähigkeit, Energie über lange Fastenperioden hinweg zu speichern. Die Gila-Krustenechse speichert Nahrung in Form von Fett in ihrem dicken Schwanz.

Fledermäuse sind zwar keine ausgesprochenen Wüstenbewohner, können sich aber an die dort herrschenden Bedingungen anpassen. Sie stehen dem Menschen näher als den Mäusen. Ihre Flügelknochen beispielsweise sind im Aufbau identisch mit den menschlichen Arm- und Handknochen. Die kleinste nordamerikanische Fledermaus, die Westliche Zwergfledermaus, lebt in Steinwüsten zwischen Felsspalten, wiegt gerade mal drei Gramm und vertilgt jede Nacht ein Drittel ihres Körpergewichts an Insekten.

Die Fledermaus ist ein geschickter Jäger. Sie segelt in der Dämmerung durch die Lüfte und stößt dabei pro Sekunde fünf bis 20 Peiltöne in einer hohen Frequenz aus, die für den Menschen nicht wahrnehmbar ist. Kommt von einem Objekt in der Nähe ein interessantes Echo zurück, erhöht sich ihr Puls auf etwa 200 Schläge pro Sekunde. Das Echo sagt der Fledermaus nicht nur, ob es sich um ein Insekt oder ein anderes Flugobjekt handelt, sie kann auch – im Flug – die Insekten auswählen, die ihr am besten schmecken und die richtige Größe haben. Sie nähert sich ihrer Beute mit der Präzision eines Düsenjägers und fächert sich das Insekt mit dem ausgestreckten Flügel ins Maul. Während des Schluckvorgangs ist die Peilung der Fledermaus unterbrochen – etwa eine Fünftelsekunde lang –, dann geht die Jagd weiter. Im Durchschnitt fängt eine Fledermaus 1 000 Insekten pro Abend.

Weder die trockensten noch die kältesten Regionen Nordamerikas sind ohne Leben – im Gegenteil, sie wimmeln förmlich von faszinierenden Lebewesen, die sich nicht aus einem ständigen Kampf entwickelten, sondern aus der Anpassung an einen schwierigen Lebensraum.

Der Eisbär (OBEN) ist das größte Landraubtier der Erde und ein naher Verwandter des Braunbären. Dieser hier zieht einsam über die kanadische Tundra von Cape Churchill. Mit seinen pelzbedeckten Füßen und dem Gang mit einwärts gekehrten Zehen kann der Eisbär sich auch auf glattem, gefrorenem Untergrund sicher bewegen.

Eine Eisbärenfamilie (RECHTS) entspannt sich in der Gewißheit, daß sie in ihrem Territorium keine natürlichen Feinde zu fürchten braucht. Das charakteristische weiße Fell reflektiert das sichtbare Licht, läßt jedoch die wärmenden Sonnenstrahlen bis zur Haut durchdringen.

Die eng zusammengerollte Gebänderte Klapperschlange (OBEN) *in den Appalachen Pennsylvaniens hat irgend etwas bemerkt. Die beiden Vertiefungen im Gesicht (auf beiden Seiten zwischen Auge und Nasenloch) reagieren so empfindlich auf Wärme, daß Schlangen Temperaturschwankungen von einem Tausendstel Grad wahrnehmen und ein dreidimensionales Infrarotbild von Beutetieren oder Feinden entwerfen können.*

Eine Herde Wildpferde, auch Mustangs genannt, galoppiert über die Prärie von Red Desert in Wyoming (RECHTS). *Wird die Herde angegriffen, gibt die Leitstute die Fluchtrichtung an. Der Leithengst bleibt zurück und stellt sich dem Kampf.*

Ein Katzenfrett (OBEN) sucht in einem hohlen Baum in Little Sahara, Utah, nach Vogelnestern. Für den ausgezeichneten Kletterer sind Vogeleier eine Delikatesse. Mit dem langen Schwanz hält er beim Klettern das Gleichgewicht; droht Gefahr, biegt er ihn über den Rücken, um größer zu erscheinen.

Eine Wolke von Guano-Fledermäusen (LINKS) *verläßt ihre Höhle in Texas, um die Nacht über auf die Jagd zu gehen. Die Fledermäuse, die eine Fluggeschwindigkeit von über 60 Stundenkilometern erreichen können, haben bis zum Morgengrauen viele Tonnen fliegender Insekten vertilgt.*

Diese Flügeltaschenfledermaus (RECHTS) *in der Sonora-Wüste von Mexiko wird gleich den Kopf in die Blüte des Säulenkaktus stecken und den Nektar schlürfen. Dabei streift sie Pollen von einem anderen Kaktus, die an ihrem Kopf haften, ab und bestäubt so die Blüte, damit sie Früchte bilden kann – die dann möglicherweise von derselben Fledermaus wieder geerntet werden.*

Ein Östliches Langohr (LINKS OBEN) zeigt seine vergleichsweise großen, zweieinhalb Zentimeter langen Ohren, die es im Schlaf oft über dem Rücken zusammenfaltet.

Die Wassertröpfchen auf einer Östlichen Zwergfledermaus im Winterschlaf (LINKS UNTEN) sind durch Kondensation entstanden. Ihre Körperwärme entspricht der Temperatur ihrer Höhle im Rothrock State Forest in Pennsylvania und liegt etwa bei plus zehn Grad.

Die Townsends Langohrfledermaus (RECHTS) ist selbst für Fledermausverhältnisse ein ausgesprochen geschickter Flieger. Sie kann sogar in der Luft stehen, um zu trinken oder ein Insekt von einem Blatt zu klauben.

REGISTER

Fett gesetzte Seitenzahlen verweisen auf Abbildungen.